国家出版基金项目
NATIONAL PUBLICATION FOUNDATION

国家社会科学基金重大项目（17ZDA323）核心成果
"十三五"国家重点图书出版规划项目

21世纪学习与测评译丛·杨向东 主编

Constructing Measures:
An Item Response Modeling Approach

［美］马克·威尔逊（Mark Wilson） | 著

基于建构理论的量表设计

黄晓婷————编译

湖南教育出版社

总　序

　　21 世纪，人类已然跨入智能时代。科技正以史无前例的速度发展。未来学家雷·库兹韦尔曾预言，到 2045 年，人工智能将超越人类智能，到达人类发展的奇点。人工智能技术的飞速发展，给全球的经济模式、产业结构、社会文化生活带来了深远的影响。技术进步导致世界范围内经济模式从大工业时代进入信息时代，以创新驱动为特征的知识经济已成为现实。有研究表明，自 20 世纪 60 年代伊始，以体力劳动为主、有固定工作流程与规范的行业或职业正在逐渐被人工智能所取代，而需要审慎判断新情况、创造性解决陌生问题或任务的行业却大幅上升。人们不仅会在工作中越来越多地身处充斥着高新科技的环境，日常生活也变得越来越技术化和智能化。在教育领域，人工智能机器人可能会比人类教师更加准确地诊断学生在知识或技能上存在的不足，提供更有针对性的学习资源和支持。

　　工作环境与社会环境的变化给人力资源和个体生活带来了新的挑战和要求。就像今天的个体必须掌握人类的文字一样，信息技术素养成为智能时代公民的根本基础。与此同时，批判性思维、创新、沟通和交流、团队协作成为 21 世纪里个体适应工作和社会生活的必备能力。随着工作性质和社会生活变化速度的加快，个体将不可避免地面临更多复杂陌生的任务或场景，个体需要学会整合已有知识、技能、方法或观念，审慎地判断和分析情境，创造性地应对和解决问题，能够同他人协作开展工作和完成任务。生活流动性增加，需要个体适应多元异质的社会和环境，学会与不同文化、地域和背景的群体进行沟通和交流。日益加速的工作和社会变化，需要个体具备学会学习的能力，能够尽快适应新环境，成为有效的终身学习者。

　　新的时代要求我们重新认识教育的价值，重新思考 21 世纪学习的性质和特征。对学习性质的认识曾经历不同的阶段。20 世纪初，在桑代克的猫反复尝试错误而试图逃离迷笼的时候，心理学家就试图从动物身上获取人类学习的机制。受此影响，行为主义将学习理解为刺激与反应之间的连接。从早期经典的条件反射到后期斯金纳的操作条件反射，行为主义者想通过强化机制和条件反射的结合，实现对人类学习的控制。这种以动物为隐喻的学习理论显然不适用于人类。20 世纪六七十年代，学习的信息加工理论兴起。以计算机为隐喻，人类个体被视为一个信息加工系统：长时记忆是人的"硬盘"，存储着各种类型的知识、表象或事件；感官是人的"外接端口"，从周边环境获取各种刺激或输入；工作记忆是人的"CPU"，在此实现信息编码、匹配、组织等各种心理操作。此时，学习被认为是一种人的内在心理过程，主要是如何对信息进行编码或组织以解决问题。这是一种个体的、理性的和客观主义的学习观。自 20 世纪 80 年代以来，在杜威、皮亚杰、布鲁纳、维果茨基等学者的思想启蒙和影响下，建构主义和社会文化观对学习领域产生了深刻的影响，对学习的认识回归人的内在本性。此时的学习被认为具有如下特征：

（1）主体驱动性（agency-driven）：人具有内在的发展需求，是能动的学习者，而非被动接受客观的知识。（2）情境化（situated）：知识呈现于相关的情境中；通过情境活动，发现并掌握知识。（3）具身性（embodied）：学习并非外部世界的心理表征，只需依赖知觉和理性即可把握；学习是在学习者（身心）与世界互动过程中展开的。（4）社会文化限定性（social-culturally shaped）：学习始终是在特定社会和文化场域中发生的实践活动；社会互动和协作不仅是促进学习的影响因素，更是学习的本质所在；文化形成于并反过来塑造了学习者的活动、观念（知识）和情境。

在新的观念下，学习越来越被认为与特定社会文化不可分割，与学习者及其所处群体的现实生活和经验不可分割，与学习者的认知和自我、动机、情感、人际互动等不可分割。进入 21 世纪，该领域越来越强调在现实世界或虚拟现实场景下，个体、社会、文化等方面的动态整合和互动，强调整合观下正式和非正式学习环境及课程的创设，关注儿童在解决真实问题和参与真实性实践的过程中认知、情感、社会性、认识论及价值观的发展。近几十年来西方涌现出来的合作学习、项目式学习、问题式学习、抛锚式教学法、认知学徒制、设计学习、创客等新型学习方式，都与这种观念的转型有着深刻的内在关联。

新型学习观对测评范式和路径产生了深远影响。面向 21 世纪的测评不再限于考查学习者对特定领域零碎知识或孤立技能的掌握程度，而更为关注对高阶思维——如推理和劣构问题解决能力——的考查，关注学习者在批判性思维、创新、沟通和交流、团队协作等 21 世纪技能上的表现。在测评任务和方式上，新型测评更为注重真实情境下开放性任务的创设，强调与学习有机融合的过程性或嵌入式（embedded）的测评方式，在学习者与情境化任务互动的过程中收集证据或表现。借助现代信息和脑科学技术，测评数据也从单一的行为数据向包含行为、心理、生理、脑电波等方面的多模态数据转变。所有这些，对测评领域而言，无论是在理论、技术层面还是实践层面，都带来了巨大变化，也提出了新的挑战。

自 21 世纪初经济合作与发展组织（Organization for Economic Co-operation and Development，OECD）发起"核心素养的界定和选择"项目以来，世界上各个国家、地区或国际组织都围绕着培养应对 21 世纪生活和社会需求的核心素养或 21 世纪技能进行了一系列教育改革。2018 年 1 月，教育部印发《普通高中课程方案和语文等学科课程标准（2017 年版）》的通知，开启了以核心素养为导向的新一轮基础教育课程改革。本质上，核心素养是 21 世纪个体应对和解决复杂的、不确定性的现实生活情境的综合性品质。以核心素养为育人目标蕴含了对学校教育中学习方式和教学模式进行变革的要求。核心素养是个体在与各种复杂现实情境的持续性互动过程中，通过不断解决问题和创生意义而形成的。正是在这一本质上带有社会性的实践过程中，个体形成各种观念，形成和发展各种思维方式和探究技能，孕育具有现实性、整合性和迁移性的各种素养。它要求教师能够创设与学生经验紧密关联的、真实性的问题或任务情境，让学生通过基于问题或项目的活动方式，开展体验式的、合作的、探究的或建构式的学习。

课程改革的推进，迫切需要将 21 世纪学习和测评的理念转化为我国中小学教育教学的实践。"21 世纪学习与测评译丛"正是在这种背景下应运而生的。针对当前的现实需求，译丛包含了面向 21 世纪的学习理论、新一代测评技术、素养导向的学校变革等主题。希望本套丛书能为我国基础教育课程改革研究和实践提供理念、技术和资源的支持。

本译丛曾得到教育部基础教育课程教材专家工作委员会副主任朱慕菊女士和杭州师范大学张华教授的鼎力支持，在此向他们表示衷心的感谢。

杨向东

2019 年 2 月 20 日

作者简介

马克·威尔逊（Mark Wilson），
加州大学伯克利分校教育学院教授。

马克·威尔逊教授的研究领域为
测量和应用统计，具体包括开发测量
统计模型、评估儿童各领域发展情况、
形成性评价，以及在问责制中使用评
估数据等。

他已在各类学术期刊上发表文章
130 余篇，出版专著 15 本。代表作包
括 *Measurement across the sciences：
Developing a shared concept system*

for measurement、*Constructing Measures：An Item Response Modeling Approach* 和
Towards coherence between classroom assessment and accountability 等。此外，他还开
发了 ConQuest 和 ConstructMap 两个测量统计软件。

马克·威尔逊教授曾担任美国教育测量委员会主席、国际心理测量学会主席等职
务，是美国国家教科院院士。他还获得过多个专业奖项，包括美国教育研究协会颁发
的鲍勃·林恩奖和加州教育研究协会颁发的终身成就奖等。他参与创办了期刊 *Meas-
urement：Interdisciplinary Research and Perspectives*。同时，他也是多个期刊的编
委，如 *KEDI Journal of Educational Policy*、*Australian Journal of Education*、
Psychometrika、*Journal of Applied Measurement* 等。

中文版前言

我很高兴为《基于建构理论的量表设计》的中文版撰写前言。最初写这本书是因为我曾在加州大学伯克利分校给学生们上一门编号为 ED274A 的"教育和社会科学中的测量 I"课程。在设计这门课时，我决定采用一种新的方式。在一般的社会科学专业中，测量学入门课程主要是向学生介绍经典测量理论（classical test theory）及怎么用数学公式去计算信度和效度。虽然这类课程也常常会涉及测验的建构，但对如何设计量表却往往没有系统的阐述。ED274A 课程试图弥补这一不足。在这门课上，我试图教学生一套设计量表和验证量表信度、效度的方法，即 BEAR 评估系统（BAS；Wilson & Sloane，2000）；并让学生在实践过程中更好地理解相关测量理论。此外，ED274A 课程的理论基础不再是经典测量理论，而是当前占主导地位的统计建模方法，即项目反应理论。

为了实现理论与实践的融合，本书为初学者提供了一种新的方法。我期望在读完本书后，学生能够熟悉测量工具设计及评价相关的概念和过程；为进一步探索测量理论和技术打下良好的理论基础；同时也能够完成测量工具初步开发和效度检验的实践操作。当然，单靠阅读本书达不到面授课程的效果，但我相信读者能从中获益。目前，我正在修改完善和这门课程配套的软件：BASS（BEAR assessment system software）。设计 BASS 的目的是帮助测量者更好地完成工具开发的全过程，即从建构出发到撰写测试信效度的报告的各个步骤。BASS 的 Alpha 检测版目前已在试用阶段。

本书中文版的出版首先要感谢北京大学的黄晓婷老师（她是我的学生，也是加州大学伯克利分校的优秀毕业生），她为此书付出了巨大的心血。此外，也要感谢她的两位助手——吴方文和韩雨婷同学。最后，我期待中国及其他地区使用中文的学生能了解本书，并从本书中获益。希望这本书能帮助读者们理解测量学，并在未来的学习和工作中运用相关的测量学知识。

——马克·威尔逊

于美国加州伯克利

2018 年 1 月 21 日

前　言

俗话说，实践出真知。为了帮助读者更好地理解测量学原理，掌握科学开展测量工作的步骤，本书的作者精心安排各个章节，让大家可以边读边做。尽管本书不要求读者参与测量工具（也称为"量表"）建构的全过程，但作者相信参与这样一次实践会让读者获得最佳的学习体验。

本书目标

理想的做法是边读本书边将所学的内容应用于建构测量工具的实践中。在学完本书后，读者应该掌握以下技能：（1）识别某一测量工具的优缺点，（2）合理使用测量工具，（3）用本书中介绍的方法来编制新测量工具和/或改编旧测量工具。特别需要说明的一点是，学习如何建构测量工具并非只是为了让读者随后能自己编制测量工具（尽管这确为本书的目标之一），更重要的是，无论是测量工具的编制者、测量工具的选用者、测量工具的评审者，还是使用测评结果的顾客，都可以通过这种最佳的方式来理解测量学知识。读完本书，读者并不能一跃成为一名富有经验的测量工具开发者，这一目标只有积累更多经验（包括对测量工具的多次设计修改）才能实现。但通过了解测量实践的过程，读者将确确实实地学到测量学的基本原理，并将有机会了解如何运用这些原理进行完整的论证。

本书逐章描述了测量工具建构的各个步骤，不参与实践操作也可阅读，但最好能同时进行实践。通读各章虽然会有不少启发，但同时编制测量工具会让书中的各种概念更为具体化，使读者既有机会探讨测量概念的基本原理又可探寻测量概念的复杂性。

本书可以作为测量学基础课程的主要教科书，或是技术性更强的中级测量学课程中偏重实践和概念的参考书。由于第一种用途的读者往往会继续学习以阐述数学原理和技术内涵为主的后续课程，因此本书避免深入探讨技术问题，而力图向读者传递测量模型技术实现之后的测量理念。例如，尽管本书最后几章的确向读者介绍了项目反应模型、罗氏（Rasch）模型，并确实推动该模型的运用，但本书并未试图将其置于更大的测量模型范围内。同样地，对于项目功能差异、项目和被试拟合等问题也只是进行简单的介绍。这似乎是学习的自然顺序：先了解科学理念的意涵，然后学习表达这些理念的技术途径。可能有人更愿意在教授概念的同时又教授技术表达式，对此，教师和学生最好在研读本书的同时研读更多的传统技术导论。

本书受众

为做好充分准备研读本书，读者应有兴趣通过学习测量的规律性来了解测量的概念基础；有兴趣编制特定的测量工具；并至少要有一定程度的定量方法背景，包括描述统计法基础知识，了解标准误差的含义、置信区间的用法，熟悉相互关系、t 检验和基本回归概论，并准备了解如何将计算机程序用于定量分析。读者可以是一年级或二年级研究生，以及有足够兴趣的大学本科生。

结构编排

本书按编制建构测量工具的具体方法及步骤来编排，因此读者能够明白自己将被引向何方。本书开篇第一章概述了所涉及的建构模型和步骤，第二至五章分别对组成测量工具的四个构建模块进行详细阐述。第二章重点介绍了建构图——这是测量者对要测量的内容所具有的一种理念。建构是这一方法的概念核心，模型和建构的视觉隐喻即建构图。第三章介绍了试题（在本书中，为了和当前大部分理论著作保持一致，我们也将试题称为"项目"）的设计规划——诸如问题、任务、陈述等提示的方法，及如何利用问题来激发反映建构信息的应答反应。第四章阐述了结果空间，即将这些反应归类、评分，作为建构指标的方法。第五章阐述了测量模型，即统计模型，用来将数值与建构图联系起来，以标定建构图。

前面的这几章构成测量的建构部分。随后的三章阐述了这一过程的质量控制方法。第六章阐述了如何检验分数是否以测量模型假定其发挥作用的方式自始自终发挥作用。第七章阐述了如何检验测量工具是否已呈现充分的一致性——称为信度检验。第八章阐述了如何检验测量工具是否确实测量了希望测量的东西——称为效度检验。第七和第八章均利用标定后的建构图作为组织测量工具论据的方法。最后一章，即第九章，与其章节位置的意义完全不同，它并非全书的总结，而是被设计成读者未来继续学习测量学知识的铺垫。

学习测量工具

每章均列出几个特征以帮助读者理解论据。每章还设有章节概览，并列出关键的概念——一般为一组关键词，也就是那一章要介绍的主要内容。在章节的正文后，列有参考资料，读者可进行查阅，以进一步深入研究相关问题。大多数章节的结尾还为读者布置了课后练习，目的有两个：让读者有机会亲自试验部分策略并将探讨视角延伸到书本之外；同时鼓励读者执行部分所需的步骤，应用该章的内容来编制测量工具。有几章还列有附录，各有不同的目的：有些附录对测量工具编制过程的阐述比本书更详尽，有些附录详细展开本书所涉及的数值运算，还有些附录记载本书使用的部分数据的计算机分析结果详情。

为给读者提供帮助，本书原书还附有补充资料，但因为版权原因无法提供给中文版读者，需要自行下载。资料中包括一个案例档案。本书在不同的地方列举了几个实例，为所探讨的概念提供具体的情境，它们贯穿于本书对各个步骤的介绍中。为进一步充实这些内容，案例档案详尽地记载了这些实例，这尤其有助于阐明各种方法，因为不同情况下的方法各异。另外，资料中还包括本书中所有计算所使用的特定程序——GradeMap（Wilson，Kennedy & Draney，2004）。还有用来运行该程序的控制文件、运行的计算结果以及分析所使用的数据。这将使得读者能够模仿本书里执行的所有计算，尝试完成书里建议的分析练习题，并探讨读者自己设计的分析题。

在教授本书内容时，我经常利用各种课外读物来辅助教学。这些课外读物为本书所探讨的课题提供了背景，并丰富了本书的具体内容。此类课外读物的书单，以及其他我认为有用的内容，在第九章的末尾一一列了出来。

使用本书授课

本书是作者从 1986 年以来在加州大学伯克利分校教授系列初级教程时使用的基础参考书。本书从 1986 年开始历经几年的修改发展成现在的形式，大约在 1990 年形成相对稳定的结构。因此，本书与基于本书的教程有着自然的联系。各章形成了序列，可作为以 14～15 周为一学期（每学年分为两个学期）的课程的基础内容，学生们可在课程中创建自己的测量工具；或者作为以 8 周为一学期（每学年分为四个学期）教程的基础内容，学生们可以分组练习创建测量工具。

正如前面所提及的，本书的这些理念最好在学生们实际创建自己的测量工具的同时进行教授（这是作者教授的方法）。本书并非只是"概念与讨论"教程，而是真正进入专业测量领域的入口。同时，本书也不是纯粹的"测量工具编制"课程——让学生采取实际步骤创建测量工具的目的，是帮助他们将测量的诸多理论和实践整合为一个协调的整体，概念整合的过程比学生成功发展特定的测量工具更重要——从这个意义上说，有瑕疵的测量工具编制确实要比成功的测量工具编制更有效用（学生们有时认为，当他们编制的工具很糟糕时，我说这些话是在安慰他们，但是我的观点确实是符合实际情况的）。

在学习本书的过程中十分重要的是，努力执行从第二章到第八章测量工具编制的全过程。要做到这一点，读者需要对建构好的测量工具有着真正和特别的兴趣，认真执行每一个步骤。要做到这一点并不太难，因为许多攻读硕士或博士学位的学生需要为毕业论文或学位论文开发或修改测量工具。不过，如果学生们太早学习这一课程，也就是说他们尚未决定学位或毕业论文的主题，那么对他们来说要采取所需的持续行动就有点假。对于这样的学生，将测量工具编制当作小组项目更合适，在这种情况下，教师可以根据需要简化许多实践步骤。

教学互动和学生们相互提供实例可以使他们大大受益。如果老师遵照各章节中课后练习所提出的建议，则每个学生可与整个班级共同参与测量工具编制的每个重要阶段。对项目设计（第三章）和测量工具标定（第四章）这两个步骤来说，学生参与尤为重要。

本书所列的众多实例和测量程序的性质充分反映了学生们一般拿到课程中来的众多测量工具类型。例如，学生们经常会尝试设计多元计分测量工具（诸如调查、态度测量工具等）而非二元计分测量工具（诸如多项选择测试）——这就是为什么几乎不必担心二元计分和多元计分试题的区别。许多学生将成就或认知测验作为他们的论题（但通常只有一部分会这么做），也有一些学生会将态度和行为论题带到班上来，还有各种各样异乎寻常的论题，甚至是非人类话题。

致谢

本书所采用的四个构建模块是从杰夫·马斯特（Geoff Masters）和瑞·亚当斯（Ray Adams）的合著（Masters，Adams & Wilson，1990；Masters & Wilson，1997）中发展而来的。本书的撰写受到了芝加哥大学本杰明·D. 怀特（Benjamin D. Wright）奠基性文献所启迪。作者还就密斯乐维（Mislevy）、斯坦伯格（Steinberg）、埃尔蒙德（Almond）与密斯乐维、威尔逊（Wilson）、柯尔西勘（Ercikan）和乔德斯基（Chudowsky）等（Mislevy，Steinberg & Almond，2003；Mislevy，Wilson，Ercikan & Chudowsky，2003）所阐述的评价"证据推理"法做了大量的比较。我要感谢这些作者对我思想的学术贡献以及对本书的贡献。

加州大学伯克利分校 EDUC 274A（最初为 207A）的学生们凭着他们的辛勤劳动和极有价值的深刻见解，为本书的成册起到了重要作用。特别要感谢我所领导的"评价模型"课题组的成员们，他们中许多现在已不再是学生了，他们对本书进行了密集而批判性的审读：戴瑞克·布里格斯（Derek Briggs）、纳撒尼尔·布朗（Nathaniel Brown）、布伦特·杜蔻（Brent Duckor）、约翰·加加尼（John Gargani）、劳拉·乔（Laura Goe）、凯瑟琳·肯尼迪（Cathleen Kennedy）、杰夫·肯兹（Jeff Kunz）、刘欧（Lydia Liu）、刘强（Qiang Liu）、英苏·派克（Insu Paek）、黛布拉·派里斯（Deborah Peres）、玛莉耶拉·鲁伊斯（Mariella Ruiz）、胡安·桑切斯（Juan

Sanchez）、凯思林·斯卡利兹（Kathleen Scalise）、谢丽尔·沙伯（Cheryl Schwab）、莱克·锡（Laik The）、迈克·蒂姆斯（Mike Timms）、玛丽·维尔伯格（Marie Wiberg）以及谢逸玉（Yiyu Xie）。

很多同事为本书贡献了他们的思想和经验。在此我无法一一列举他们的名字，但必须感谢以下同事所做出的重要贡献：瑞·亚当斯、艾丽西亚·阿朗佐（Alicia Alonzo）、保罗·德·伯克（Paul De Boeck）、凯伦·德尼（Karen Draney）、乔治·恩格哈德（George Engelhard）、威廉·费歇尔（William Fisher）、汤姆·冈伯尔（Tom Gumpel）、哈勒姆（P. J. Hallam）、琼·哈特利（June Hartley）、马西特尔德·霍斯肯（Machteld Hoskens）、弗洛瑞恩·凯泽尔（Florian Kaiser）、杰夫·马斯特、密斯乐维、史蒂文·摩尔（Stephen Moore）、帕梅拉·摩斯（Pamela Moss）、爱德华·沃尔夫（Ed Wolfe）、本杰明·D. 怀特和玛格丽特·吴（Margaret Wu）。

GradeMap 团队也做出了重要的贡献：凯瑟琳·肯尼迪、凯伦·德尼（Karen Draney）、塞万·图顿希彦（Sevan Tutunciyan）和理查德·福珀（Richard Vorp）。

还要感谢在我撰写本书时多个机构给予的帮助：主要有加州大学伯克利分校教育研究所，该研究所提供了探究教授本课程不同方式的学术自由，还有比利时天主教鲁汶大学、澳大利亚新南威尔士纽卡斯尔大学和澳大利亚教育研究院，在我访问上述机构时它们对我撰写手稿给予了支持。

最后我要感谢以下手稿审校者，他们给予了有价值的建议：埃默里大学的乔治·恩格哈德（George Engelhard）以及加州大学洛杉矶分校的史蒂夫·瑞思（Steve Reise）。

——马克·威尔逊
于美国加州伯克利

目　录

第三部分　控制测量工具质量的方法

第一部分

建构模型

>>

第一章　测量工具设计的四个构建模块

1.0　本章概览和关键概念

建构模型

"四个构建模块"

建构图

项目设计

结果空间

测量模型

本章从"测量（measurement）"在本书中的特殊含义开始，阐述了"建构模型（construct modeling）"的理论框架。建构模型是用于设计测量工具的一种理论模型，包含四个可以依次使用的构建模块（four building blocks）。通过了解测量工具是如何设计的，我们能更好地了解测量工具如何发挥作用。

本章简要介绍了四个构建模块，随后几章会对每个构建模块进行更详尽的阐述。在本书中，"测量工具（instrument）"一词被定义为一种方法，即联系我们在真实世界中观察到的事物（有时也称为"显性的"或"可观测的"）与我们正在测量的理论中的概念（有时也称为"潜在的"或"不可直接观测的"）的方法。测量工具一词在这里的用法比它的一般意义更宽泛一点，而测量工具最具体的表现就是"问题"或"项目"。

由于本书的目的之一是解释测量中不太为人们所熟悉的方面，因此我们选择了更宽泛的定义。在本章及随后几章里，我们将在"建构图"的框架下，列举不同类型和格式的测量工具。我们假设在测量过程中，存在测量对象（被试）和实施测量的人（施测者）。阅读本书时，读者主要站在施测者的角度，当然，假设自己是被试有时也很有帮助。接下来的四章，我们将通过更多实例分别对各个模块进行更为详尽的阐述，并讨论如何使用这些模块编制测量工具。

1.1 什么是测量

有些学者认为，测量就是对观察到的不同表现进行分类和量化赋值，因而数字的属性就是测量的属性，如名义尺度、顺序尺度、等距尺度、等比尺度等（Stevens，1946）。[①] 对观察到的不同类别的表现赋予数量值的确是测量的一个重要特征，赋值的数量也必然具有某种属性，但是这只是测量过程的一个方面而已。在进行赋值之前会有一些步骤；赋值后也还有一些步骤，如检查赋值成功与否以及使用测量结果。

在本书中，我们把测量的核心目的解读为对被试的成就、态度或观念等潜在特征进行合理的概括。施测者通过知识测验、问卷或心理测验等测量工具，观察人们对测量工具中的问题的反应，然后基于这些反应对被试在某一方面的成就或态度进行描述。当我们需要依据被试在某一方面的水平做出相应的决定时（如依据高考成绩决定是否录取），测量的这一核心目的就自然而然地显现出来了。

施测者使用的测量工具往往具有复杂的结构，测量工具中包含与测量目标相关的许多问题或任务。测量工具的复杂结构是我们建立一套设计测量工具的科学程序的重要原因之一。假设我们使用的测量工具结构非常简单，只有一个问题，那么我们也许只需要很简单的程序。但绝大多数的测量工具需要采用复杂的结构，在后面的章节中我们也会讨论为什么复杂的结构有其必要性。

在本书中，我们假设一个测量工具只针对一项潜在特征。许多测验和问卷实际上包含了多项潜在特征，我们可以每次只考虑其中一种，而把整个测验或问卷看成是多个测量工具的有机组合。每个测量工具所测量的潜在特征，我们称之为"建构"，是由测量工具的设计编制者（在本书中称为"测量者"）确定的。因此，测量工具可以被视为测量者依据测量结果做出相应判断或决定的逻辑论据。接下来各章阐述的一系列

---

① 在 Stevens（1946）经典的论述中，将测量依次归入如下数字类别：（a）当将测量目标放置于（无序）类别时，测量为名义上的；（b）目标是有序类别时，测量是顺序的；（c）当测量目标的数字能被加减时，测量是等距的；（d）当测量目标的数字可以作为除数时，测量是等比的。

设计和编制测量工具的步骤，也可以作为测量者形成其逻辑论据的基础：首先是过程性的论据，即测量工具的编制过程符合一定的逻辑框架（第二至五章的主要内容）；其次是反思性的论据，即用实际测量中产生的信息来证明测量工具是否按计划发挥了作用（第六至八章的主要内容）。最后，本书探讨了测量者未来可能继续探索的方向，为后续我们再出版更深入地介绍这方面研究的书籍做了铺垫。

本书中所探讨的"测量"一词，更多是动词而非名词。此外，我们在本书中介绍的设计测量工具的程序也并非测量的唯一方法，还有其他可以采用的途径（第六和第九章探讨了几种别的方法）。本书的目的不是探讨所有测量的方法，而只是呈现作者过去 20 年在加州大学伯克利分校向学生教授测量学的过程中和为各领域开发测量工具提供咨询的工作中，总结出来的最为成功的一种方法。

1.2 建构图

在设计测量工具时，我们首先要考虑的并非工具本身，而是测量的目的和使用情境，即测量者将依据测量结果做出哪一类决定。根据测量的目的和使用情境，我们才能确定测量的理论目标，即测量者真正感兴趣的被试的潜在特征是什么。我们将这一理论目标称为"建构（construct）"（这与当前这一领域的通用称谓一致，详细阐述请参阅 Messick 1989 年的著作）。

建构可以是人的认知理论模型中的一部分，如人们对某些概念的理解或他们对事物的态度；也可以是某些心理变量，如"成就感"；还可以是个性变量，如躁郁诊断。建构可以是教育领域的，如学业成就；还可以是健康领域的，如"生活质量"；又或者是社会学领域的，如"乡村化"或移民的同化程度。建构可以是关于一个群体而非单个个体，如工作团队或运动队，或者是某个工作机构；还可以是某种生物学现象，如森林在新环境中的扩展能力；甚至可以以复杂的无生命的物体为对象，如火山爆发的可能性或颜料样本的风化程度等。似乎有很多的理论概念都能形成建构，我们判断某种概念能否成为建构的核心标准在于是否有相关的理论提供了测量这一概念的动机，以及是否有理论解释这一概念的结构。

建构图（construct map）是比建构更精准的概念。假设我们要测量的建构具有特别简单的形式，建构图就从一个极端延伸到另一个极端，从高到低，从小到大，从积极到消极，或者从强到弱。在两个极端之间的情况可能有一定的复杂性，但我们主要感兴趣的是被试在这两个极端中所处的位置。具体来说，在两个极端中间可能存在一些不同的质性水平——这在解释测量结果时是很重要也很有用的。至此，建构仍然是一个抽象概念，而非外显的表现。尽管我们可以界定两个极端之间的一些质性水平，但被试可能在整个区间中的任意一点，也就是说，建构是连续变量，而建构图则可以被看作单维的潜在连续变量。许多建构要更复杂一些，如多维建构，但这不妨碍测量者使用本书所介绍的方法，每次解决一个维度，每个维度由一个建构图来界定和表述。此外，还有一些建构无法用一个结构图来很好地描述，如建构由两个不同群体组成，例如可能移民的人群和不可能移民的人群，这种建构就不太可能通过一个结构图来很好地表述。

本章以一个化学测验为例，来展示建构模型的四个模块。这个测验是为一个叫做"生活离不开化学（living by chemistry，LBC）"的高中化学课程设计的。该课程由劳伦斯科学馆①开发，并获得了美国国家自然科学基金的资助。课程基于学生们熟悉和感兴趣的生活情境，让学生进行模块化、探索性的学习，完成整个课程需要一年的时间（Claesgens，Scalise，Draney，Wilson & Stacey，2002）。这个课程的目标是让更多不同背景的学生了解化学，为他们将来选修更多需要化学基础知识的科学课程打好基础。该课程强调让学生在交互式的教学过程中掌握化学知识，并学会运用化学概念思考问题，进行推理和分析。

"LBC"课程及其评价体系（参见 Wilson & Sloane 在 2000 年发表的《BEAR 评价体系的应用》）都建立在一套被称为"化学家的观点"的建构之上。针对化学学科中的"三大概念"，即"物质""变化"及"稳定"，我们设计了三个变量。物质在这里主要是指由原子和分子构成的物质，变化主要涉及变化的动力观及化学变化中的物质守恒，稳定主要指能量守恒中的关系网。

图 1.1 是"物质"的建构图，从低到高描述了一个学生对物质这一概念的理解的深入过程：先是理解真实世界里观察到的物质，逐步发展到理解抽象的原子和分子世

①　劳伦斯科学馆（Lawrence hall of Science）属于加州大学伯克利分校，是美国唯一一家设在顶尖研究型大学内的科学馆。该馆聚集了一批教师、教育研究者、科学家、工程师等，致力于科学教育领域的实践创新，不断开发和推广最新的 STEM 课程。

界。此外，除了理解这一概念外，这个建构还包括对物质的测量，从低到高也是从简单地描述物质的数量，到复杂地建立模型和用证据论证。

理解和掌握的程度	原子和分子观	测量和模型改进
5. 整合	化学键与化学反应	模型和证据
4. 预测	相与物质的组成	模型的局限性
3. 关联	化学属性和原子观	测量大量的物质
2. 表征	物质与化学符号	粒子观的集合
1. 描述	物质的属性	物质的数量
	A. 具象化物质	B. 测量物质

图 1.1 LBC 评价中的"物质"建构图

在试测中，研究人员发现学生在刚开始学习这门课程时对原子还一无所知，他们对物质的理解仅限于简单描述物质的某些特征，如基于生活中的现象（例如在烹饪食物时看到的沸腾现象）来区分物质的形态是气体还是液体，或者用逻辑推理来解释盐为什么会溶解。这是对物质的理解的最低水平。初学者们还都不会使用化学分子式，但学生对物质的理解水平仍然存在一定的差异，有些学生还不会进行任何相关的观察，有些则能够进行观察并利用逻辑推理，还有少数学生能在观察和推理的基础上尝试运用一些化学知识（虽然一开始通常会出错）。测量者把上述这些情况都归入建构的第一级，即"描述"级，对这一级内存在的差异则用"1−"和"1+"来进行区分。为了简化建构图，这些细节内容就没有在图中展现。

当学生经过一段时间的学习，逐渐能够准确地使用简单的化学分子式概念时，他们对物质的理解就进入第二级，即"表征"级。在这一级，学生能使用单维化学模型，即单独运用某个定义或某种化学的表述方法，来解释和说明化学现象。此时，学生不再单纯依赖生活经验和逻辑推理，而是有了一定的化学领域的专业知识，但他们尚未具备联结各种化学概念的能力。处于表征级的学生会集中精力学习化学领域的术语和表达方法，同时会对化学领域的本体论和认识论有一些了解，他们开始应用化学的定义、术语和原理，但还不会运用这些定义和原理来进行推理或探讨其意义。在解释化学现象时，他们关注某一方面的信息，但还不会用较为完整和复杂的模型。

当学生开始能够结合多个概念或模型来解答化学问题（如传导电子和分子结构对溶解的作用）时，他们就进入第三级，即"关联"级。会不会连接和综合不断学到的新的化学知识，决定了学生能否进入这一级。尼亚兹和罗森（Niaz & Lawson，1985）主张，学生如果不能用概括化的模型理解各种概念和方法，那就只能死记硬背各种定义和原理，他们的水平就停留在表征级。另一方面，学生只有具备了一定的基础知识，才能够进行知识整合（Metz，1995）。因此，当学生进入关联级时，他们应当已经掌握了基础的化学知识，能够像化学家一样，自如地综合运用相关概念和模型，解决化学问题或理解现象背后的意义等，而不仅仅是记住了一些术语或运算规则。

LBC 评价中的"物质"建构图是一个相对完整的建构图的范例。建构上较高的两个水平层次"预测"和"整合"，涉及大学本科及研究生阶段的学习内容，因此并没有用来测试选修 LBC 课程的高中生。对这两个层级感兴趣的研究人员可以联系劳伦斯科学馆 LBC 课题组。

测量者在刚开始画建构图时，很可能无法做到如上面的例子那么清晰、明确。我们可以在编制测量工具的过程中不断地改进。例如，在进行以下几项工作的时候，我们就可以反思和修改建构图：（a）通过建构图来向别人解释需要测量的建构时；（b）编制项目的过程中，我们思考如何才能反映出被试在建构上的水平时；（c）找一组被试来进行试测时；（d）分析结果数据时，看结果是否与建构图一致。

1.3　项目设计

完成建构图之后，测量者就可以进入下一个模块，即想办法在真实情境中体现建构图的理论架构。一开始测量者基本靠直觉来摸索着找到与建构密切相关的情境，即在这些情境中，被试在建构上的水平起着决定性的作用。在摸索的过程中，测量者的认识会越来越清晰，并最终找到一些规律。当然，项目与建构之间的关系并不一定是先从建构出发，再设计项目的单向关系，也可以先考虑有哪些项目，然后再阐释建构。（由此可见，测量工具设计是一项非常复杂的创造性活动。）不过，不管是先确定建构还是先编制项目，测量者都应当把建构和项目区别开来，项目应该被视作建构的体现形式。

例如，LBC 测试中的项目通常选取的是日常生活中与化学关系紧密的事件。在测量工具中，我们通过项目把建构用真实情境表现出来，选取表现形式的过程则被称为"项目设计"。一个项目可以采用多种不同的形式。最常见的形式大概要数学生学业水平测试中的选择题或各种问卷调查中的李克特式（Likert-type）项目（如在从"坚决同意"到"强烈反对"五个选项中进行选择）。两种题型都属于"强迫选择型"，被试的反应范围局限在有限的几个选项中。除了选择题外，还有很多其他形式。有些项目让被试自由地做出反应，例如写一篇文章，回答访谈中的问题，表演（如竞技跳水、钢琴独奏），或进行实际操作（如做科学实验）。在不同的测量中，大部分时候被试会意识到他们正在被观察，少数情况被试并不知道自己正被观察。项目的内容和形式有很多选择：访谈中的问题一般围绕一个主题的多个方面展开；在认知能力的表现性评价中，测量者可能要根据被试在完成前面项目时的情况来决定采用什么形式的项目；问卷调查可以使用多种不同题型，例如部分问题为选择题，部分是开放性问题。

在 LBC 的例子中，项目是和课程紧密结合在一起的，因此学生在作答时不一定会意识到他们正在被评价。图 1.2 展示了 LBC 课程中的一个项目，这道题是针对图 1.1 中对物质的理解的较低水平的。（学生对这道题的反应的一些例子见图 1.6。）

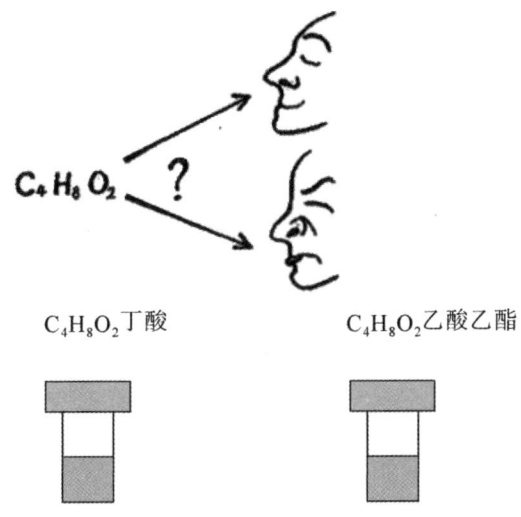

两种溶液的化学分子式相同。丁酸气味难闻且有腐臭味，而乙酸乙酯气味香甜。解释这两种溶液为什么闻起来气味不同。

图 1.2　LBC 中的例题

建构图和项目设计这两个模块之间的联系，在测量工具编制初期如图 1.3 所表示的那样。此时，测量者对建构和项目都只有较粗略的了解，建构和项目之间初步建立起了联系（如图 1.3 中的虚线所示），但两者之间的因果关系通常还不清晰，可能是建构"导致"了被试对项目做出反应，也可能是测量者事先对项目有了一些设想，反过来再定义建构，可以说是项目"导致"了建构的产生。建构和项目两者相互促进是测量工具编制过程中一个重要且自然而然的步骤，且在测量工具试测和修改过程中还会反复出现。

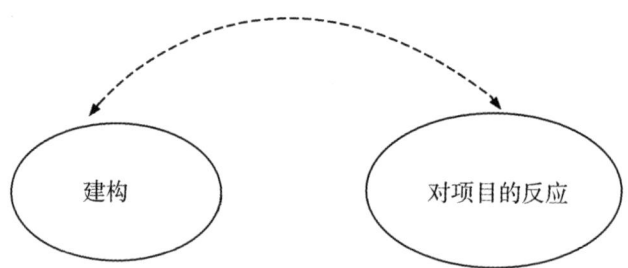

图 1.3　测量工具编制初期的建构图和项目设计关系

我们发现在过去的一些测量工具编制中，尽管测量者在分析数据时使用了复杂的统计方法，但对建构与项目的研究却停留在图 1.3 中的状态。测量者在这方面的研究和理解不足，会导致他们在选择项目内容和形式时有较大的随意性，在取得试测数据后，也难以将实证结果用于项目的修改，更无法通过测量结果来完善建构相关的理论。因此，测量者应当在建构和项目之间建立起紧密的联系。

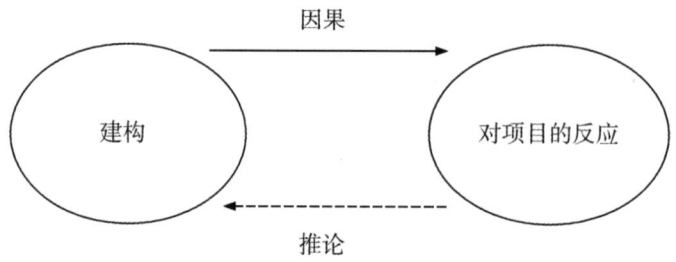

图 1.4　建构与被试对项目的反应之间的关系

图 1.4 是对建构和项目反应之间关系的一种简单化的呈现：从建构到反应（从左到右）是因果关系，即我们假设被试处于建构的某一水平上，这种水平是被试对项目做出某个具体反应的原因。这种因果关系是潜在的，测量者不能直接观察到被试在建构上的水平，只能观察到被试对项目的反应。测量者依据观察到的反应来推断被试在建构上的水平，就是图 1.4 中从右到左的箭头表示的推论关系。"四个构建模块"中其余的两个模块也是在进行推论。需要指出的是，此处的因果关系是一种假设，我们无法证明建构是"因"，反应是"果"。建构和反应之间的实际机理是潜在的、无法直接

观察到的。它可能是比图 1.4 更为复杂的关系。但在有研究能揭示两者之间到底是什么样的复杂关系之前，测量者可暂且将两者的关系视作图 1.4 所描述的那样。

1.4　结果空间

　　做出推论的第一步是决定被试反应的哪些方面作为推论的依据，以及如何将不同的反应归类和评分。我们把这一步骤称为"结果空间（outcome space）"。结果空间的例子包括：在是非题中把反应归类为"对"和"错"（随后的评分可以是"1"和"0"）；在访谈中的开放性问题中，把被访者的回答进行归类；在表现性评价中，依据评分指南（scoring guide）把被试的行为表现划分为某一等级等。归类的结果有时是结果空间的最终产物，有时我们还需要对不同的类别再进行评分。最终的分数既可作为反应所属类别的标记，也可以用于其他分析。因此，结果空间也可以叫做"评分的结果空间（scored outcome space）"，最终得分对体现建构有着重要的作用，得分的高低代表着建构水平（通常得分越高代表建构的水平越高）。

　　把被试的反应进行归类的人，我们称之为评分员（rater）。评分员也可以指某个进行评分操作的软件（比如扫描单选题答题纸后自动出分，或在智能辅导系统中，通过电脑程序自动进行评分）。对于两种最常见的项目形式——单选题和李克特式量表，结果空间与项目设计的区别不是那么显而易见。在这两种项目中，项目设计和结果空间已经合二为一，被试已经在几类反应中进行选择，因此测量者不需要再对被试的反应进行分类，每个类别的得分也是事先确定好了的。不过，这两种项目形式更应被视为"特例"，更普遍的情况是被试可以自由作答。实际上，固定选项的项目也是从自由作答的项目发展而来的，只是在早期已经完成了结果空间的设计而已（我们在第三章会详细解释）。

　　图 1.5 展示了 LBC 测评中关于物质的项目的结果空间，我们可以看到这是一组有序递进的类别。LBC 课程的开发者认为学生在初学时的知识非常有限，随着课程的开展逐步将掌握越来越多的内容。老师可以依据评分指南给学生对有关物质的问题的反应进行评分。一共有六个评分等级，例如，第一级为描述，这一级又可以进一步用"1−"、"1"和"1+"来表示从低到高的三个水平层次。图 1.5 的评分指南中，既包括对各个评分级别的解释说明，也包括一些学生作答的例子。除了为评分员提供详尽

的评分指南外，还有一些训练评分员、提高其评分准确性的方法，如图 1.6 所示的"评分调节"法（参见 Wilson & Sloane，2000）。分类、说明、案例和培训方法等要素共同组成了结果空间。图 1.5 只是简要地展示了其中的一部分。我们最终从结果空间得到的是一个分数；如果是一组项目，我们则得到一组分数。

×. **没有机会作答**
没有机会对问题做出反应。

0. **无反应或做出无关的反应**
反应中没有包含与问题相关的信息。

1. **描述物质的属性**
学生在回答问题时，依赖一般的观察和逻辑推理，而非运用原子模型。他们用常识和经验，而非正确的化学概念来表达他们的想法。

1−   进行一次或多次肉眼观察，并/或能列出化学名称，但不理解这些名称的含义。

1   利用肉眼观察，描述现象，通过直接比较及逻辑推理来分类，但未能使用化学概念。

1+   能准确进行简单的观察，通常能运用化学专业术语，并用实例支持自己的观点，并/或试图运用化学规律来解释自己的观察结果，但对化学原理的使用是错误的。

2. **用化学符号表达化学变化**
学生正"学习"化学的各种定义，开始描述、标示和用化学符号表示物质的成分。学生开始使用正确的化学符号（化学式、分子式）和术语（如从广义上来说溶解是化学变化而物质的液态、固态、气态是物理变化）。

2−   较正确地援引关于物质的定义或原理。

2   正确地引用关于化学成分的定义或原理。

2+   恰当地援引和运用关于物质化学成分的定义或原理，并且能进行转换。

3. **关联**
解释现象或回答问题时，学生能将多个概念关联起来，系统考虑。

4. **预测物质的属性的变化**
学生运用化学模型来预测物质的转化。

5. **解释原子和分子之间的相互作用**
学生能结合化学模型来理解观察到的物质和能量的相关现象。

图 1.5　LBC 测试项目的结果空间（评分指南）

1.5　测量模型

　　根据被试的反应推论其在建构上的水平，除了以结果空间为依据进行评分外，还需要第二个步骤，即把分数与建构联系起来。四个构建模块中的最后一个模块就是完成这一步。我们把第四个模块称为"测量模型（measurement model）"，有些书或文章中也称之为"心理测量模型（psychometric model）"或统称为"统计模型（statistical model）"。在本书中，我们主要介绍测量模型的概念，并不强调其中的统计方法，因此也可以把第四个模块理解为一个"解释模型（interpretational model）"（National Research Council[①]，2001）。测量模型必须有助于我们了解分数的含义，从而也更了解建构的情况，同时测量模型还必须指导我们如何在实践中运用分数。简单地说，测量模型必须将被试的反应转化到建构图的相应位置上。测量模型包括经典测验理论（classical test theory）的"真分数"模型（true score model）、因素分析模型（factor analysis model）、项目反应模型（item response model）和潜在类别模型（latent class model）等。上述这些是正式的测量模型。许多测量工具的使用者（以及许多测量工具开发者）也会使用非正式的测量模型。

　　处于"表征"水平的反应：

　　　案例："它们的气味闻起来不同，虽然它们具有同样的分子式，由于结构的不同，它们具有不同的结构式。"

　　　分析：恰当地运用了"具有同样化学式的分子可能具有不同的原子排列"原理。但回答缺少对结构与化学性质之间关系的分析（"关联"是第三级水平的特征）。

图 1.6　某学生对图 1.2 中项目的反应

　　我们可以运用计算机程序（GradeMap 软件）生成的图表来辅助对结果的解释。例如，图 1.7 展示了某个学生在四个建构上的水平。老师们认为，用这样的图来和学生、家长沟通很有效。其他可以使用的图表有很多，如时间序列图、全班成绩的分布图、分组的分布图，以及个人"拟合"图（将在后面章节介绍）。

---

　　①　National Research Council：美国研究理事会。

　　注意图 1.8 中推断的方向：因果关系的方向是从建构（因）到项目（果），而不是反过来。结果空间与测量模型之间则没有因果关系，因为无论有没有评分指南和测量模型，被试在建构上的水平都会引起相应的反应。这一点可能有点不容易理解。但测量工具的四个构建模块间的确存在两种不同的关系，即潜在的因果关系和明显的推论关系。图 1.8 充分显示了两者的差异。至此，图 1.3 中建构与项目间模糊的关系已经被一个因果关系和几个推论关系所取代（图 1.8）。

GradeMap
文档
姓名：玛丽·罗杰斯

	具象化物质	测量物质	特征的变化	量的变化
2+				
2		*		
2−	*			
1+			*	
1				
1−				*
0				
要提高你的成绩，你可以：	复习周期表趋势、八隅规则和相变。回答问题时，注意考虑仔细、全面，不要遗漏关键细节	当你解决问题时，不要只依赖一种理论，要考虑原子模型的多个方面	复习相变和气体动力的知识。你需要进一步理解原子和分子运动方面的理论	追踪物质的反应和结构变化。这是很有挑战性的问题。你可以全面考虑已经掌握的各种信息，然后做出判断

图 1.7　学生在 LBC 建构上的水平（此处为根据 GradeMap 软件中的截图制作的表）

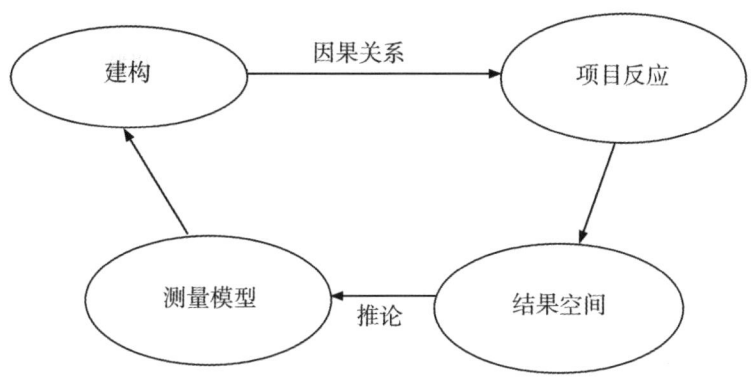

图 1.8　四个构建模块之间的因果关系和推论关系

1.6　利用四个构建模块编制测量工具

　　除了 LBC 的例子外，前面的描述都比较抽象。读者们不要担心，接下来的四个章节将依次详细解释四个构建模块中的每一个模块，并会通过大量的案例帮助大家理解。本章的一个主要目的就是让读者熟悉本书接下来要介绍的内容。

　　本章的另一个目的是引起读者对测量工具编制过程的思考和学习兴趣。如果读者想学习如何编制测量工具，仔细阅读本书，并完成各章后面的练习就会非常有收获。不过，即使读者的目的并不是要自己编制测量工具，而是要学习测量学理论和技术，仔细阅读各章内容并完成练习也十分有价值。如果我们只学习理论，而从没有自己编制测量工具的经验，对理论的很多方面也会处于一知半解的状态。这就好比我们学骑自行车，如果停留在学习书里的内容而没有实际尝试，就无法让理论发挥作用。各章后面的练习是很有挑战性的，比起仅仅阅读本书来，完成这些练习需要花更多的时间。但完成练习会给我们带来成就感，当然，更重要的是，会让我们对测量工作的复杂性有更深刻的认识。

　　四个构建模块不仅仅是编制一份测量某个建构工具的指南，也是推论被试在该建构上的水平的方法。接下来的四个章节按照工作中四个构建模块的使用顺序来进行编排（见图 1.9）。从定义建构，画出结构图开始（第二章）。然后设计反映了该建构的任务和情景，即项目设计（第三章）。这些项目引起被试的反应，测量者需要对反应进行分类和赋分，即结果空间（第四章）。最后，测量者应用测量模型来分析被试得到的分数（第五章），从测量模型分析的结果可以看出该测量工具是否能很好地测出被试在建构上的水平，即推论出被试在建构图上的位置，这就又回到了第二章。因此这四个构建模块实际上形成了一个循环，可以多次重复进行。随后的三章（第六、七、八章）介绍了如何收集证据，评估测量工具的质量，具体内容分别是模型拟合、信度证据以及效度证据。

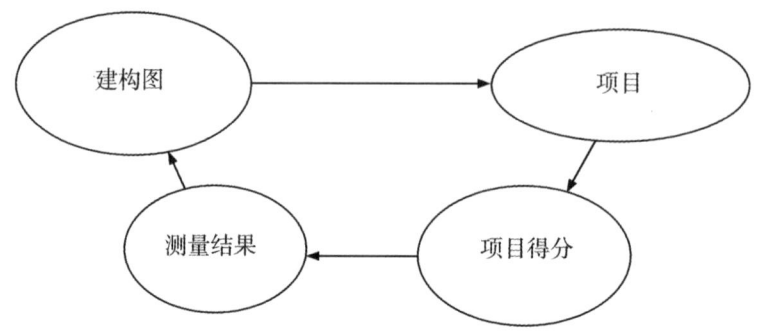

图 1.9   运用"四个构建模块"法编制测量工具的过程

　　每一种新测量工具的编制（或者是对原有工具的改编）都必须从测量工具的核心概念开始，即这个测量工具要测的是什么，以及测量的结果要怎么使用。当我们从这两个问题出发来设计测量工具时，首先需要了解与测量内容和工具使用相关的大量背景知识。因此，在开始编制测量工具时，就建构背后的理论以及过去测量这一建构的经验做文献综述是十分必要的。当然，只有文献综述还不够，因为文献综述能提供给测量者的信息仅限于该领域的知识，因此还有一些其他工作需要完成。

　　开始着手编制测量工具时，测量者首先需要组建一个小组，来协助他进行工具设计。这个小组的成员应该包括一些被试，相关领域的专家、教师或学者，一些有测量知识或对特定领域的测量有兴趣的人，以及其他对该领域有一定思考的人（如决策者）等。这个小组非常重要，甚至会在某种程度上影响测量工具编制的过程。一开始，这个小组通过讨论该领域的理论和测量经验，帮助测量者对现状进行批判性思考。随后，这个小组可以充当被试，试用该领域原有的测量工具，并做出反馈。在测量者编制完测量工具时，小组成员可以进行试测，并给出反馈，帮助测量者进行修改。小组成员给出的信息大部分时候应该和文献中的相关信息一致，但有时也会出现与已有文献矛盾的地方。

1.7　其他参考资料

关于建构的理论，麦希克（Messick）于 1989 年撰写的文章具有开创性的意义，有很大的影响力。当代的著作中，密斯乐维、威尔逊、柯尔西勘和乔德斯基（Mislevy, Wilson, Ercikan & Chudowsky, 2003）的观点以麦希克的理论为基础，在很多方面都是一脉相承。此外，密斯乐维、斯坦伯格和埃尔蒙德（Mislevy, Steinberg & Almond, 2003）也提出了类似的观点。

建构图与测量模型之间的关系在怀特（Wright）的两本书中有详细阐述（Wright & Stone, 1979；Wright & Masters, 1981），这两本著作对本书的观点和方法也有着重要的影响。

基于"四个构建模块"法的 BEAR 评价体系（Wilson & Sloane, 2000）有很广泛的应用。除了前面提到的 LBC 的例子外（Claesgens, Scalise, Draney, Wilson & Stacey, 2002），还包括：（a）SEPUP（公众理解科学教育计划）的 IEY 科学测验（Wilson & Sloane, 2000），（b）加利福尼亚州考试（参阅 Wilson & Draney, 2000）。

此外，澳大利亚教育研究院的杰夫·马斯特和他的同事们提出了一种相似的方法，称为"发展测试"。具体的例子可以参阅"就业、教育和青年事务部（1996）"报告，和马斯特和福斯特（Masters & Forster, 1996）的著作。这种方法也是经济合作与发展组织（OECD）、国际学生评估项目（PISA）所采取的基本方法。

在"客观测量：理论到实践"丛书[①]中，收录了很多学生学业水平和态度调查等领域的建构图的例子（见 Engelhard & Wilson, 1996；Wilson, 1992a, 1992b, 1994a, 1994b；Wilson & Engelhard, 2000；Wilson, Engelhard & Draney, 1997）。本书所列的参考书目中也可以找到更多的案例。

---

① *Objective Measurement：Theory into Practice.*

1.8 课后练习

1. 请解释一下你计划设计的测量工具有什么用途，现有的测量工具为什么不能满足需要？

2. 研读你要测量的建构的理论背景材料，写出相关理论的概要（不超过五页）。

3. 研究以往这一领域的测量工具，注意哪些工具的测量和你的相同，哪些和你的不同。在某些领域，有测量工作的简介。例如，在心理和教育测验领域，有诸如《智力测量年鉴》（*Mental Measurements Yearbook*）（Plake，Impara & Spies，2003）等系列书籍。许多其他领域也有类似的书。在你计划测量的领域，有哪些可选的方案？写一个简要的总结，梳理主要观点（不超过五页）。

4. 找一些人来帮助你编制测量工具。征得他们的同意，组成小组，在你编制工具的整个过程中，给你提供帮助。就你要测量的建构和他们一起进行一次"头脑风暴"。

5. 把编制测量工具的所有步骤都想一遍，写下你的工作计划，包括初步的时间表。预测一下你在完成每个步骤时可能碰到的问题。

6. 和小组成员讨论你的计划，并共同探讨你们的收获与出现的问题。

第二部分

测量工具设计的四个构建模块

>>

第二章　建构图

2.0　本章预览和关键概念

建构

建构图

　　本章集中探讨设计测量工具的四个构建模块中的第一个模块，即建构图。首先，我们向读者介绍一种确定建构的方法，它也是一种进行测量工作的基础方法。当然，并不是说这种以建构为核心的方法可以满足所有测量工作的需要，但本书只讨论这种方法。其原因，一方面是这种方法易于教学，另一方面是这种方法的有效性已经在很多领域的测量实践中被验证。建构可以由一系列示意图来表示，主要的示意图类型包括被试图、项目反应图和建构图。本章使用的所有案例都来自已经公开发表的论文或已出版的著作。

2.1　建构图

　　本章讨论的"建构"这一概念，可以用建构图将其可视化。它具有以下两个重要特征：（a）建构的概念和内容界定清晰且具体；（b）建构是一个潜在的连续变量，其连续性既体现在对被试水平高低的排序上，也体现在对项目难度的排序上。建构在被试和项目这两个方面有两种不同类别的示意图，即被试图和项目反应图。被试图展示的是如何把被试按照其建构水平的高低分成几个有序的质性水平；而项目反应图则展示了如何把被试对项目的不同反应按其所体现的建构的水平高低进行排序，这些反应也可以分为几个有序的质性水平。

图 2.1 展示了通用的建构图的形式。图中，所测量的建构为 X。由于全书中的建构图都采用这样的形式，因此在开始举例前，我们先简单解释一下这幅图。图中带双向箭头的直线（向上和向下分别有一个箭头）表示的是建构这一连续变量，从下到上反映的是建构的水平由低到高。图的左半边表示不同质性水平的被试组，按由高到低的顺序排列，被试图就是指仅包括左边这部分的图。建构图的右半边表示不同质性水平的项目反应，也按从高到低的顺序排列，项目反应图就是指仅包括右边这部分的图。一幅完整的建构图由左、右两边共同组成。

需要指出的是，图 2.1 所示的建构图只是用来表达基本的概念，而不是专业的表述。在本章后面的阐述中，我们会介绍专业的表述。在此，我们暂且只关注基本概念，先重点介绍一下建构图的一些特征。

在连续变量 X 上，被试或被试对项目的反应可以在任意一个位置上，理论上有无限多个可能的位置。当然，由于数据的局限性，被试或项目反应位置的估计值的精确性是有限的，这个问题我们留到第五、第六章再讨论。

我们给项目贴上"位置标签"实际上是对被试的反应的描述和总结。尽管人们通常倾向于把项目反应的位置理解为对具体项目的讨论，但实际上位置标签并不是项目本身的位置，而是某一类被试的反应的位置。项目的位置是通过被试的反应来表现的。

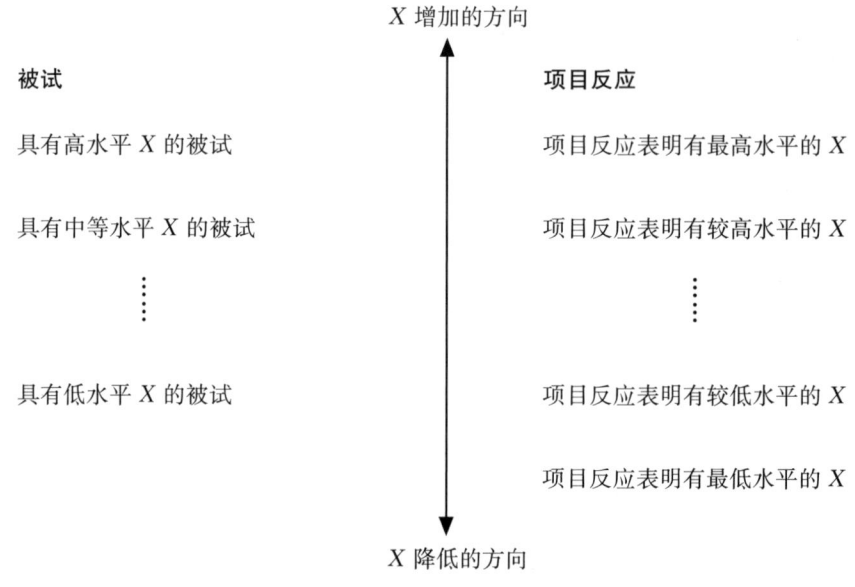

图 2.1 通用的建构图

在其他情境中，"建构"和"图"这两个词有别的含义和用法，但在本书中，这两个词特指我们要测量的潜在变量和这个变量的示意图。可以用图来表述的建构有很多，例如：在态度调查中，被试对某种判断赞成的程度、对事物喜爱的程度等，都可以进行排序；在教育领域的测验中，理解的正确性、技巧的娴熟性等都存在水平高低；在商业领域中，有些产品比其他产品更吸引人或更令人满意；在政治中，有些候选人比其他候选人更具吸引力；在健康医疗领域中，人的健康水平也有不同。在几乎所有的领域，都有重要的建构可以通过建构图来表示。

当建构是一个单维度的潜在变量时，对应的建构图是最容易画的。单维度的建构意味着测量者希望通过使用该测量工具（即按照所测量的这一特征）将被试从高到低或从左到右进行排序（这种排序当然不是被试的唯一重要特征）。有研究者认为，所有的测量都必须是单维度的（例如 Wright，1977）。这种观点有一定的道理，但在本章中我们不对测量的单维度假设进行论证。本书的观点是，单一维度的建构是设计测量工具的基础。

在各种复杂的现实情境中，建构图可能以多种不同的形式出现。建构是理论研究中的一种理想状态，如果建构图无法将建构理论较为准确地表现出来，那我们就不能将建构图作为基本的编制测量工具的方法。例如，当相关理论表明建构是一种无序的潜在特征时，我们就无法使用建构图。有些建构比较复杂，一个建构图只能体现整个建构的一部分。常见的例子如多维度的建构（在 LBC 的案例中，建构就包括三个维度）。针对多维度的建构，可以分别用不同的建构图来表示不同的维度。还有一些建构是一组部分有序的类别，例如学生的学习策略。这种情况也可以画建构图，我们可以就用部分排序让问题简化。简化处理肯定会让我们失去一些信息，但如果这个简化的建构图能发挥作用，我们可以后续再添加更多复杂的细节。在本章末尾的"其他参考资料"部分，我们列举了一些结构较为复杂的建构图的例子。

再以上一章里的 LBC 为例，图 1.1 中描述的建构可用图 2.2 中的建构图来表示。图 1.1 所示的质性水平本质上是学生的不同水平，因此它们应该是在建构图的左边（即被试图）。

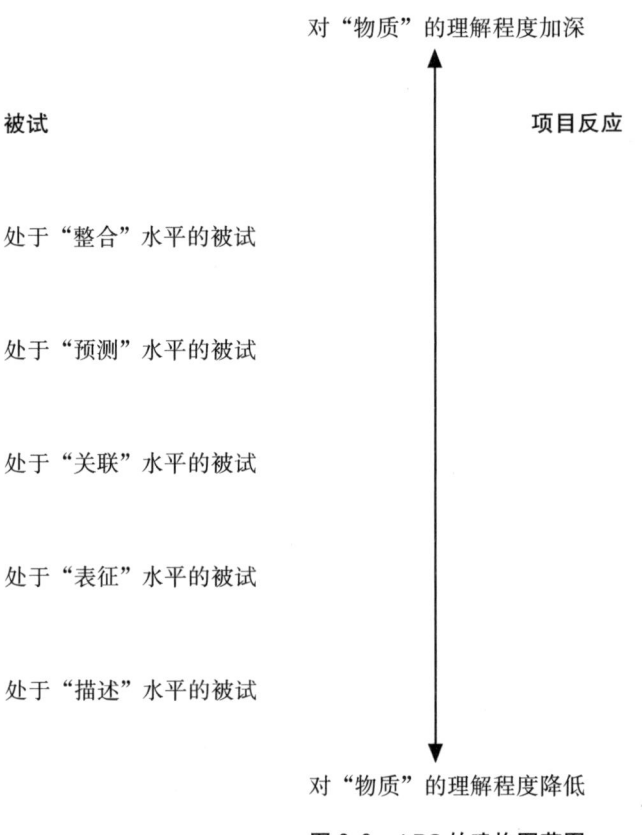

图 2.2   LBC 的建构图草图

2.2   建构图示例

在教育领域的测验中建构图这种表现形式是非常自然的，当然在其他领域中它也普遍适用。例如，在态度调查中，潜在的变量也是渐增或渐减的，例如满意度、喜爱或赞同的程度等。建构图适用于下面很多种情况。

2.2.1   PF - 10 健康调查

我们用 SF - 36 健康调查（SF - 36 health survey）（Ware & Gandek，1998）中的"PF - 10 身体机能分量表（physical functioning subscale，PF - 10）"（Raczek，等，1998）作为自我报告类问卷调查的例子来介绍这类建构图的画法。PF - 10 分量表用来评价身体机能的状况。问卷中的项目由对各类活动的描述组成（具体项目见表 5.2），被试可以选择的反应类别为："很受限""有点受限"和"一点也不受限"。最初的建构图如图 2.3 所示。身体机能越好，进行各种活动时感觉就越轻松。有些活动运动量很大，有些则基本不需要耗费体力。图 2.3 中，项目反应的顺序是以被试进行这项活动时"一点也不受限"的标准来排列的。

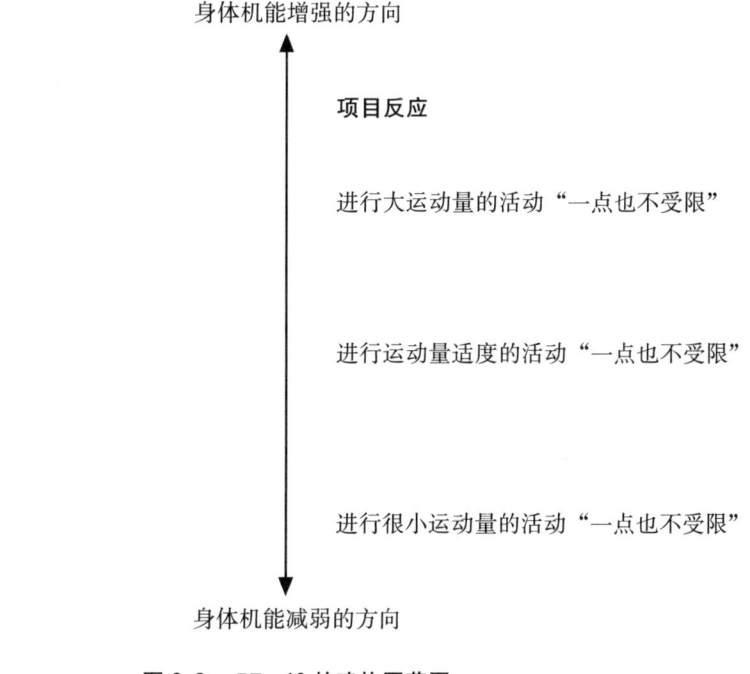

身体机能增强的方向

被试　　　　　　　　　　　　　　　　　项目反应

进行大运动量的活动"一点也不受限"

进行运动量适度的活动"一点也不受限"

进行很小运动量的活动"一点也不受限"

身体机能减弱的方向

图 2.3　PF - 10 的建构图草图

2.2.2　IEY 科学测验

"问题、证据和你"科学测验（issues，evidence and you，IEY）是为中学科学课程设计的一个评价体系，是"让公众了解科学"教育项目的一部分。由劳伦斯科学馆主持的"让公众了解科学"教育项目于 1993 年得到美国国家自然科学基金的资助，为初中和高中低年级学生开设了为期一年的以问题为导向的科学课程（以下简称 IEY 课程）。在以问题为导向的学习中，学生不仅学习相关的科学概念和过程，还需要理解科学证明的方法，并学会通过权衡各种科学的证据以及社会习俗等因素，针对当下的热点问题做出理性的选择。该课程的目标是加强学生对科学的理解，并使其能客观地提出解决问题的方案。课程的编制者希望能在课程中使用新的评价方法。其原因主要有两个：首先，他们希望强调课程中的"问题解决"和"客观决策"两方面的内容，而传统的测验以考察学生是否了解事实为主。如果仍然只使用传统的测验，有可能导致教学重点偏离课程编制者认为的最重要的学习目标。其次，编制者明白，要把这套课程市场化，必须要解决如何评价学生学习情况的问题。而只使用传统的测验，无法显示出学生在最重要的学习目标方面的达成度。

使用证据的熟练程度递增的方向

项目反应

回答达到了初级水平，并在某些方面超过了这一水平，比如对证据的来源、真实性、科学性等提出质疑，或试图证明证据的可信性。

指出了主要的客观原因，并提供了相关的准确证据。

指出部分客观原因，提供了部分支持性的证据，但至少缺少一个原因，或部分证据不完整。

提出了主观的原因（看法），提出了不精确或不相关的证据。

没有做出反应；或给出不相关的反应；或反应没有指出原因并提供证据。

使用证据的熟练程度下降的方向

图 2.4　IEY 测评中的"使用证据"建构图

IEY 课程及其评价系统均以"四个构建模块"法为基础（就像 LBC 课程及其测评一样，这个课程的测评也以 BEAR 评价体系为基础；Wilson & Sloane，2000）。例如，"概念理解（understanding concepts）"这一建构是 IEY 课程中的传统"科学内容"。"设计和实施调查（designing and conducting investigation）"这一建构对应了传统课程中的"科学过程"。"证据和权衡（evidence and trade-offs）"这一建构是科学教育中相对较新的内容，包括相关的知识和技巧，可以帮助学生学会辨别证据的可靠性，评价证据的有效性，讨论科学报告（如环境影响评估之类），并利用相关信息在现实中做出决定。"科学信息交流（communicating scientific information）"这一建构主要包括交流的技巧，它是讨论或辩论必需的能力。这四个建构被视为 IEY 课程的四个维度。在学习过程中，学生将在这四个方面取得进步。同时，这四个维度也是课程中所有教学活动和评价的目标。这四个维度从学习科学知识的角度来说是密切相关的，但从开展教学的角度来说又有明显的差异。当证据和权衡这一建构放在课程内容的背景下考虑时，它又可以进一步分为两部分（或称为两个要素）。对于"证据"要素，我们可以通过考虑学生在课程中会如何提高使用证据的娴熟度来绘制建构图的草图。如图 2.4 所示，在建构图的右侧，依次排列的是对学生使用证据的不同熟练程度的描述。

2.2.3 学习活动问卷

我们再来看一个别的领域的例子。学习活动问卷（study activities questionnaire, SAQ；Warkentin, Bol & Wilson, 1997）是一份用来调查学生学习的活动量表。该问卷的具体项目依据该领域的文献综述（Thomas & Rohwer, 1993）和作者对学习情境的解读来设计。问卷包括多个维度，我们在这里重点讨论"学习效率"维度的"投入管理"水平。作者们认为投入管理存在几个递进的层级，也就是说每种水平层级是建立在前一个水平的基础之上。需要注意的是，这里的等级划分不一定是唯一可能出现的情况（例如，学生在做学习计划时，可能并没有清晰的自我管理的意识），但作者们认为这是最有效的排序。对这个测量工具而言，投入管理是元认知和自动调节的过程，包括学生对自己投入学习的时间、专注度、学习成效的评估和管理。作者们把投入管理划分为四个水平等级，由这四个等级组成连续变量，处于某一水平的学生不仅能完成这一水平对应的活动，也能完成其他较低水平的活动（参见图 2.5）。

最低的水平是"监控（monitoring）"，即了解自己的学习效果。例如，学生可以在学完一个段落后停下来回顾段落要点，记下自己对段落的中心思想学习得如何。第二级水平是"调节（self-regulation）"，即运用监控过程中了解到的学习情况来调整自己的行为或努力的方向。例如，在回顾段落的要点时，如果学生发现自己遗漏了一些内容，他们就应该重新阅读该段落，或者列出要点。第三级水平是"计划（planning）"，指学生在开始学习前或学习的过程中，通过制订学习计划以管理和增加他们的努力程度。比如，学生可以计划在每学完一段后，都在段尾处停下来反思对内容的理解程度。最后即第四级水平是"评价（evaluation）"，指学生在完成学习任务时，反思他们是否成功完成了计划，并考虑是否有其他选择。例如，学生可能认为自己已经理解了每个段落的要点，因而不断中断阅读就不再是一个提高学习效果的好办法了。该问卷需要在电脑上填答，下一组问题的选择有时取决于学生对前一组问题的回答。例如，如果学生回答没有对自己的学习效果进行监控，那么就不会问他们调节方面的问题（但仍然会问他们有关计划和评价的问题。参见图2.5）。

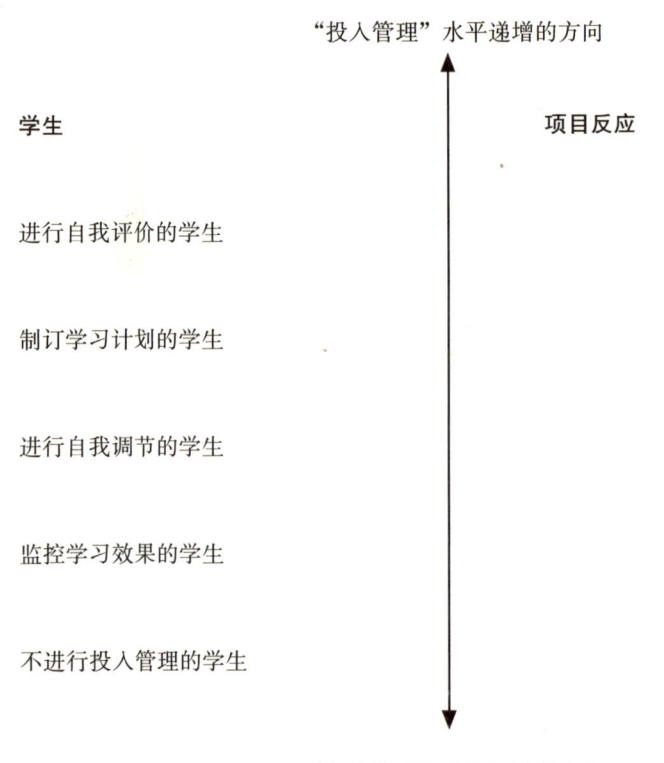

图 2.5　SAQ 问卷中"投入管理"部分的建构图草图

2.2.4 "什么是好的教育"访谈示例

访谈也可作为画建构图的依据。道森（Dawson，1998）使用艾蒙（Armon，1984）的临床访谈形式，就"什么是好的教育"对一些成人进行了访谈，并试图以此来探讨人们提出论点和使用论据的复杂性。道森使用了诸如"什么是好的教育"以及"好的教育应该实现什么样的目标"之类的问题，并请被访者回答"为什么那是好的"，来探究人们是如何进行思考的。然后作者使用康芒斯复杂等级评分体系（Commons' hierarchical complexity scoring system，HCSS；Commons, et al.,1983，1995）对被访者的反应进行了打分。最终的建构图如图2.6所示。图的左边是依据康芒斯评分体系对被访者进行的等级划分，右边是各个评分等级中典型的回答。这是本章中我们展示的第一个两边都有内容的建构图示例。

2.2.5 一个历史悠久的案例：比奈－西蒙智力量表

我们找到的最早的建构图示例是比奈（Binet）和西蒙（Simon）于1905年对智力量表的描述。针对每一级智力水平，比奈和西蒙都找了一些典型的任务作为例子，并且这些任务都是较为容易执行和进行评分的。再把这些任务按照其一般能被哪一年龄段的孩子（和成人）正确执行分成不同的组，这样就确立了一个正常的孩子在成长过程中的一系列的预期标准。例如，"重量的排序"一题是这样说的（注意：下面的描述中包含了对这道题进行评分的结果空间）：

将五个颜色和体积相同的小盒子排成一排放在桌子上。它们分别重2克、6克、9克、12克和15克。把这些小盒子指给实验对象看，并告诉他："这几个小盒子的重量不一样，请你把它们按正确的顺序排列。最重的盒子放在最左边，接着第二个放轻一点的那个盒子，第三个放再轻一点的那个，第四个放再轻一点的那个，最后放最轻的盒子。"

这个任务的完成情况可以分为三个等级。第一级是没有比较就开始胡乱放，通常错误百出，例如摆错了四个。第二级是进行了比较，但摆错了一个或两个。第三级是进行了准确的排序。我们提出通过计算排出正确的顺序必须要移动的位置数来估计被试的错误数。在下面的例子中，被试的排序是：12 克，9 克，6 克，3 克，15 克。要把 15 克的盒子排到正确的位置，必须移动四个位置，而所有其他的四个盒子必须都移动一个位置，因此总的移动位置的数量，即总的错误数是 8（pp. 62 - 63）。

论据复杂性渐增的方向

被试	项目反应：好的教育是……
元系统的：学习发生在社会交往中，这一观点与离散学习的理念相一致。学习被视为一个辩证思考的过程，在这个过程中教师与学生，或学生与学生，对学习中的活动充满兴趣。而测试是螺旋式学习过程中的反馈，形成学习—反馈的循环过程。	教学与测试有机结合 学习过程是辩证的过程
系统的：在积极参与中学习，这一观点与社会交往可增加获得知识的机会的理念是一致的。好的学习发生在开放的、参与性的情境中。这不是学习情境的定义，但却是最佳的情境。	包含交流和讨论 包含集体活动……
正式的：积极参与学习对学习过程至关重要。兴趣的概念被分化为投入、参与、灵感等。投入与参与是由别人（如老师）引起的。社会互动是增加学习参与的重要因素。	鼓励学生提出问题 启发性的、参与性的 包含交流互动 包含主动的、实践性的学习
抽象的：学生觉得有趣时，就能学得更好。因此兴趣能激发学习动力。有些有乐趣的事或娱乐性活动被明确视为有教育意义的。使学习变得有趣是教师的任务。	包括玩游戏、做有趣的事 包括通过玩来学习 课程、老师都很有趣 学习很有趣
具体的：对孩子来说，教育就等于学校教育。因此好学校就是学生可以玩、过得愉快的学校。玩和学习不是相关联的概念。	包括玩 学生能在学习中找到乐趣

论据复杂性递减的方向

图 2.6　"什么是好的教育"访谈的建构图草图

对应的建构图如图 2.7 所示。图的右边依次列举了各年龄段的儿童一般可以正确完成的任务，左边则是对相应年龄段儿童的描述。比奈和西蒙用这一建构来描述法国某收容所的孩子的成长发育问题：不能正确完成 2～3 岁年龄组任务的孩子被归类为"智障"；能够完成 2～3 岁年龄组任务但不能完成 7～8 岁年龄组任务的孩子被归类为"弱智"；能够完成 7～8 岁年龄组任务但是不能成功完成下一年龄组水平任务的孩子被归为"低智"。非常有趣的是，比奈和西蒙发现，收容所里这些曾经被诊断为"智障""弱智"或"低智"的孩子，实际上能完成高于他们年龄段一级的任务。

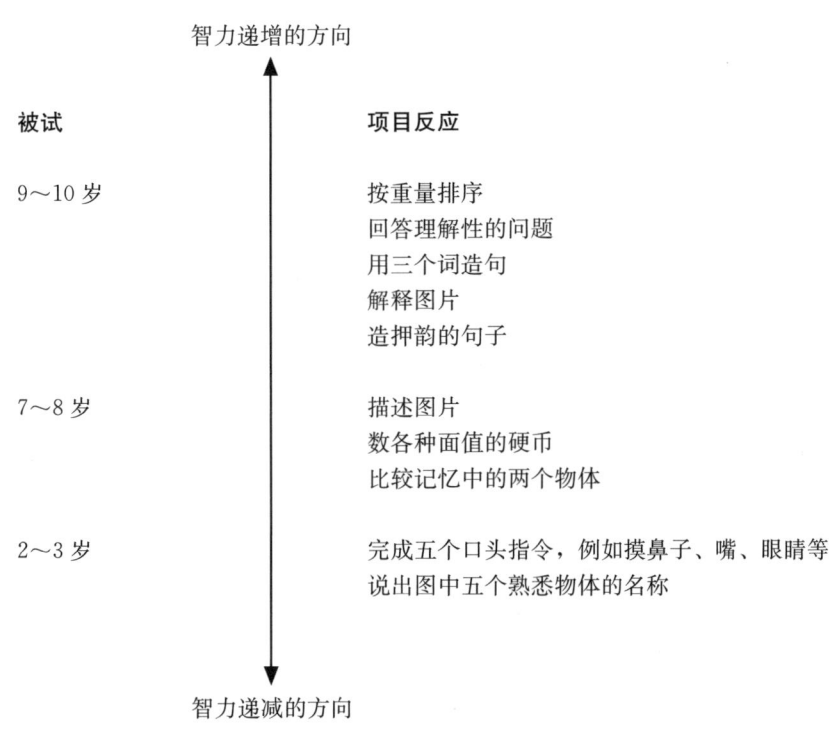

图 2.7　比奈－西蒙（1905）智力量表建构图草图

2.3　用建构图来辅助测量工具的编制

在测量工具的编制初期，建构图的作用主要是帮助测量者聚焦到要测的变量的本质特征上来，比如在哪些方面可以体现出被试具有更高或更低的水平等。除了水平高低外，也可能根据具体情境表述为"同意到不同意""更弱到更强"，或者"经常发生到很少发生"等。不管措辞如何变化，核心的内容是这个建构是一个潜在的连续变量，且可以被归纳为若干个不同的质性水平。画建构图的一种很有效的方法是先考虑建构的两个极端（如考虑"新手"和"专家"各自的典型表现，或者在测量对事物态度的情境中，考虑"憎恶"和"热爱"两种极端情况），然后再考虑处于两个极端之间的状态。此外，思考处于各质性水平的被试会对项目给出哪些典型的回答，对编制项目很有帮助（我们将在下一章做更具体的介绍）。

在画建构图之前，测量者常常需要进行"变量说明"，即把要测量的建构与其他相关的建构区分开来。在这个过程中，测量者很可能会发现原先的设想其实包含了几个建构，此时可以逐个攻破，每次针对一个建构，运用"四个构建模块"法设计测量工具。

在画建构图时，测量者必须清楚建构的定义是不是包含了谁是目标被试群体以及被试可能做出何种反应。在编制测量工具时，都需要考虑被试和项目反应这两方面。不过在特定情境下，测量者可以从其中一方面着手。例如，如果已经有个体在建构上如何发展的理论，或者已有持有两种极端态度的人们会如何表现的理论，测量者就可以首先画建构图的被试一侧。反之，如果建构主要由项目集和被试对项目的反应来界定，先画建构图的项目反应一侧可能会更容易一些。

2.4 其他参考资料

本章提及的建构图案例大多出自第一章的参考文献。不过，这些示例中只有少数包含了被试和项目反应两侧。需要指出的是，并非所有的建构都适合用建构图来表示，测量者需要进行判断。如果测量结果是每个被试都得到一个分数，那么所测量的这个建构就适合用建构图来展现。如果一个建构需要由一系列分数来表示，那可以把这个建构分解成若干个建构图。此外，前面的案例中，也有只能部分进行排序的建构，测量者可以把这部分简化为建构图。

不适合用建构图来表示的建构主要指那些并非潜在连续变量的建构，例如建构只包含独立的、不能排序的类别。这种建构主要存在于认知心理学中。针对这些建构，也有一些方法来处理。例如，潜在类别分析（latent class analysis, Collins & Wugalter, 1992）就是其中一种。

当潜在类别存在一定的顺序关系时（也包括只能部分排序的情况），就可以用其他可能的方法来进行处理。例如，测量"使用论据的复杂性"建构时，测量者就把不同类别的论据使用策略认为是具有不同程度的复杂性的类别，复杂性被认为是一个连续变量（Wilson, 1992a, 1992b）。

测量者也可以尝试结合两个类型的建构，在类别里加入建构图（Wilson, 1989;

Mislevy & Wilson，1996），或者将一个特殊的类别视作建构的一个维度（如 Yamamoto & Gitomer，1993）。还有更复杂的结合方式，当然复杂的结合方式自然也会带来复杂的可能性（参见 Junker，2001；National Research Council，2001）。

这里，再为读者提供一个中国的案例。中国的研究者用"四个构建模块"法编制了幼儿园教学观察表①，尝试对幼儿园教师课堂互动中的态度和行为进行表现性评价。

近年来，中国的学前教育规模急速扩大。中国教育统计年鉴的数据显示，中国全职幼儿教师的人数从 2001 年到 2010 年几乎翻了一番。与此同时，学者们也越来越清晰地认识到在普及学前教育的过程中，我们还必须兼顾质量的保障和提高。

各种对于学前教育质量的定义都包含"结构性质量（structural quality）"和"过程性质量（process quality）"两个部分。结构性质量包括硬件设施、资源、教师资质、师生比等因素。这些因素相对稳定，往往可以直接观察到。而过程性质量则关注教师与儿童之间互动的本质，也包括教师与家长、儿童之间的互动，以及教师教学技巧，幼儿园的领导和管理等。这些因素与儿童每天在幼儿园里的体验息息相关，但它们的浮动变化较大，评估起来比较复杂。

这个案例的幼儿园教学观察表瞄准了过程性质量中的互动因素，研究者将要测量的建构，即幼儿园日常教学中的互动质量，定义为教师能否很好地利用语言或非语言的交流，为儿童智力、情感等方面的发展提供最有效的支持和帮助。

依据理论和国际上多个较为成熟的过程性质量评价量表，观察表计划包含"互动环境""语言互动"和"非语言互动"三方面内容。互动环境，即利于儿童学习、活动和交流的物理及心理环境。语言互动，指教师与儿童间、儿童相互间的语言交流。非语言互动，顾名思义，即教师与儿童间、儿童相互间通过表情、肢体等方式的交流。

下图即为该量表的建构图。双箭头的直线表示互动质量，越靠上方表示互动质量越好。图中直线的左侧描述不同水平的外显表现的特征，右侧列举在评价过程中可能观察到的表现。本文将互动的水平精简为高、中、低三个层次。较高质量的互动，以幼儿为中心，从每个儿童的不同需求出发，提供个性化的方案，营造儿童的"最近发展区（zone of proximal development）"，让儿童得到最大的发展空间。中等质量则表现为有较多平等自由的互动，但教师尚不能利用这些互动，帮助儿童进一步思考探索。

---

① 黄晓婷，宋映泉. 学前教育的质量与表现性评价——以幼儿园过程性质量评价为例 [J]. 北京大学教育评论，2013，11（1）：2-10.

而质量差的互动，则完全以教师为中心，极度缺乏沟通，或居高临下，儿童没有自由发展的空间。右侧列举的表现包括观察教师在课堂秩序管理、讲解和讨论中对儿童的态度和行为。虽然过程性质量中"互动"还包括教师与家长、教师与园长等，但由于实际操作中受到时间、资源等限制，本研究只将评价范围局限在课堂教学过程中能够观察到的教师与儿童及儿童相互之间的互动上。

高质量互动

教师的特征	可能观察到的表现
教师以幼儿为中心，从每个儿童的不同需求出发，提供个性化的方案，营造儿童的"最近发展区"，鼓励儿童进一步思考和探索	教师有效调动每个儿童的积极性，对不同发展阶段的儿童能给出不同的挑战 教学过程根据儿童的反应随时调整，并通过语言、非语言等多种方式帮助儿童思考
教师有意识地鼓励平等自由的互动，但尚不能利用这些互动，帮助儿童取得更大的进步	教师对儿童和蔼可亲，关心儿童的舒适和愉悦 教学过程中经常提问，儿童有机会参与讨论 但当儿童遇到困难时，不会通过启发性的提问，提供帮助
教师对儿童缺少尊重和爱心，儿童少有机会表达需求或思想，没有选择和自由发展的空间	教师常常忽视儿童生活上的需求，如擦汗、擦鼻涕，系鞋带等 多通过呵斥、教训等方法维持课堂秩序 教学过程都是教师讲，儿童没有提问或讨论的机会

低质量互动

图2.8 "幼儿园教学观察"建构图草图

2.5　课后练习

（接第一章的课后练习）

1. 列出你所选的研究领域中有哪些建构，并说明它们之间的关系。选择其中一个，进行重点探讨。

2. 对于你所选的建构，简要写出建构的定义（1～2 句话）。如有必要，写下其他相关建构的定义，说出它们之间的区别。

3. 描述建构的不同质性水平。从两端开始，然后再补充中间的水平。区分不同水平的被试和项目反应。如果有可能，对各个水平等级的典型被试和典型项目反应进行描述。

4. 把你对建构的描述（以及任何其他说明）给你所选择的专家看，并请他们进行评价。

5. 在你设计自己的测量工具时，请尽量仔细考虑前面所述的步骤，并写出你的计划。

6. 和你的团队成员讨论你的计划和进展，讨论你们的收获和面临的问题。

第三章 项目设计

3.0 本章概览和关键概念

项目形式

项目设计的要素

建构要素

分布要素

对被试进行观察

主题指南

标准化的开放题

标准化的固定答案题

这一章我们将集中探讨如何"观察"被试在我们想要测量的建构上的水平。这里所说的"观察（observation）"，不仅仅是指眼睛看、做笔记或是用脑记等一般意义上的观察，还是一种特殊的观察，即观察被试对测试中的"刺激"的反应。这些反应将被用来确定被试在这一建构上的水平。这些刺激，在测量学中被称为"项目（item）"。整个观察过程包括两步：第一步是在一套标准化的条件下观察被试对所有项目的反应，第二步是将这些反应依据标准进行归类。这一章我们聚焦在第一步，下一章将讨论第二步。本章接下来的部分首先介绍项目的概念和一些典型的项目形式，然后阐述不同形式的项目之间的关系，进而引出项目设计的要素。本章最后部分讨论了项目编制的方法。

3.1 项目的概念

测量者思考如何揭示被试的某项具体特征（建构）时所想到的问题往往成为

项目的雏形。项目的雏形有可能是非常不正式的，比如交谈中的一句话，或学生描述他对某一事物的理解，也可以是一个引起争论的问题，或一件特别有趣的艺术品，又或者是报纸上的一篇文章等。测量者用哪种具体方式来引发被试的反应对测量的最终效果至关重要。事实上，在许多（甚至是大多数的）案例中，建构是在测量者编制了大量项目并完成试测后才有明确的界定。在每种新的情境下，测量者都可能需要编制新的、不同类型的项目，或需要调整原有的项目。

　　测量者编制了许多种不同类型的项目来应对不同的建构和情境。在本书前面的章节中已经出现过两种不同类型的项目。第一章详细介绍的 LBC 案例，呈现的是需要学生简要回答的开放式问题（参见图 1.2）。第二章里，PF - 10 健康调查有一个问题问被试的身体机能："你现在的健康状况限制了你的活动吗？"尽管被试的活动受限情况可能是从"毫不受限"到"受到极大限制"中的任意一种程度，但测量者把项目设计为让被试从三个选项中进行选择：（A）很受限；（B）有点受限；（C）一点也不受限。上述两个例子，前者是极开放的项目形式，而后者则是极封闭式的项目形式。另一个封闭式项目的例子是第二章里的"学习活动问卷"，教育领域很多考试中的单选题都是这种题型。IEY 课程和"什么是好的教育"访谈中的题目则是开放式的实例。在本章接下来的部分，我们介绍了项目的各种类型。除了上面举例的两种类型外，还有很多其他类型的项目［参见尼科（Nitko）在 1983 写的教育测验分类］。测量者在编制项目时，既需要了解该领域过去有哪些常用的项目形式，也需要知道在其他情境下用到的项目形式。

　　可能在大多数人的经验中，最常见的项目形式是一般的开放题（open-ended item format）。这种形式的项目每天在世界各国的课堂上以及许多其他情境里都在使用，并且还会继续被广泛使用。项目既可以是口头的，也可以是书面的，被试的反应也同样可以是口头或书面的，还可以是其他形式的，比如具体的作品或行为表现等。被试的反应从单个的数字或字词，到简单的作品或行为表现，再到很长的文章或很复杂的证明、访谈、长期的表现，以及多个作品等，反应的长度可以有很大的变化。项目可能是由教师即兴编制的，或者花了很长时间研究后编制的。这种开放式的项目除了用于教育领域外，也被广泛地用于工作环境里和其他社会情境中，以及我们所有人都喜欢的日常交流中。典型的反应形式包括短文、简单的演示、作品以及简要回答。

与开放题相对应的是固定答案题（fixed-response item format）（如选择题），绝大部分公开发表的测量工具都采用这种类型的项目。如果不考虑日常生活中涉及的使用开放题的情境，人们可能就会把固定反应格式的项目认为是最常见的项目形式。每个受过教育的人都对单选题非常熟悉，这种题型在很多人的学习生涯中扮演了非常重要的角色。另一种固定反应格式是"李克特反应格式"，常见于健康、应用心理学、公共政策，以及商业领域（如雇员和消费者评价）和政策领域的问卷调查中。最常见的做法是让被试从"完全不同意"到"完全同意"中选择一项，但也有别的形式（参见PF-10的例子）。我们最熟悉的项目形式并不是已发表的测量工具中最常见的类型，这听起来似乎有点矛盾。这个问题读者在读完接下来的几章就可以明白。本书的观点是：开放题是最基本的项目形式，固定反应格式的题目则被视为由开放题衍生出的一种特殊情况。

项目与建构之间的关系是非常重要的。通常来说，一个测量工具中的项目是从理论上无限多个项目中选取的一个子集。拉姆斯丹等人（Ramsden，1993，p. 312）在介绍物理学业水平测验时强调说：

> 教育工作者对学生理解速度、距离和时间的程度很感兴趣，对学生是否了解奔跑者、机动船或沿走廊行走的人不感兴趣。不过矛盾的是，除了通过这类特定的例子外，没有其他方式来描述和测量学生对这些概念的理解程度。

前面提到的健康测量PF-10正是如此：量表中所包含的问题对于"健康的身体机能"这个建构来说既不是必需的，也没有囊括这个建构的所有可能的内容。因此，测量者的任务是选择一套项目组成测量工具，使这个工具能够有较为合理的反应建构的定义和结构。正如拉姆斯丹所说，项目设计并非人们想象的那么简单直接。常常有人试图用"一个真正的任务""一个最好的项目"或"一次观察"来测量被试在某个建构上的水平。很多测量新手都会陷入这样的误区。实际上，这种"一个项目"的工具是难以达到良好的信度和效度的。

如果测量者希望一个测量工具能够包含许多不同的情境，那就得有更多的项目。这是因为：（a）更多项目令工具包含更多建构的内容（参见第八章）；（b）测量后能产生更多关于被试在这一建构上的水平的信息，从而提高了测量的精确性（参见第七章）。测量者需要在项目数量和项目形式中取得平衡，一方面我们希望能有更多的项目来提高信度、效度，另一方面复杂的题型可能可以获得被试更丰富的反应。测量者需要在具体测量所允许的时间和成本范围内，考虑项目的数量和复杂性要求。

3.2　项目设计的要素

我们可以把项目设计理解为在所有的项目（或者叫"题库"）中抽取一套题来组成测量工具。那么组成工具的过程就是测量者将建构表达清楚的过程，也可以说是将所有项目（也称为抽样的"全域"）进行分层，再从各层抽取项目的过程。在这个过程中，有些决定是从理论出发的，例如依据已有的研究结果，确定建构的基本界定；有些决定是从实际情况出发的，例如根据实际测试时的条件限制来决定项目的数量和形式；也有一些决定是任意的，在项目编制的过程中，这样的决定也必不可少。一般来说，在设计项目时，有两个需要考虑的要素：建构要素和描述要素。

3.2.1　建构要素

在设计关于某一建构的项目时，核心的要素是对建构的不同水平从高到低都进行标准参照[①]的解释。定义建构的不同水平就是项目设计中的建构要素（construct component）。在 LBC 的例子中，建构要素呈现在建构图（图 1.1）中。实际上，建构要素就是建构图的内容。如果测量者利用建构图来编制工具，那么建构要素在测量者绘制建构图时就形成了。

除了对建构不同水平的定义和解释外，还有一个需要研究的重要问题：每个项目能够反映几种水平？一个项目至少可以反映两种水平（如二元计分的题），最多可以包括建构上所有的水平。例如，图 1.2 中所显示的项目就可以反映学生的三个水平（即"未能描述""描述"和"表达"）。而有些项目不能从被试那里获得复杂的、有代表性的反应，因而只能是二元的。对于固定反应的项目，被试在有限的选项中进行选择。在态度量表中，不同的项目设计，能反应的质性水平的数量也存在差异：有些项目要

---

① 标准参照，是指以建构的内涵作为水平高低的评判标准。相对应的概念是常模参照，即以被试在整个受试人群中的排名来评判水平高低。

求被试选择"同意"或"不同意",而有些项目则提供更多选择,如"完全同意""同意""不同意""完全不同意"。选项多少在项目设计阶段看起来似乎无关紧要,但当我们学习到第四个构建模块(见第五章)时就会发现,这个问题实际上相当重要,需要测量者特别注意。

3.2.2　描述要素

在确定了建构要素之后,测量者还需要决定项目的一些其他特征。这些特征,我们总称为"描述要素(descriptive component)"。与建构要素不同,描述要素用来确立整个测量工具是由哪些不同类别的项目组成。描述要素也是项目设计中不可缺少的部分。例如,在 PF - 10 的例子中,项目都是自我报告的形式——也就是说,测量者在项目设计中将自我报告作为一项描述要素(而不使用其他可能的题型,如对被试进行体能测试等),从这类项目中寻找到目标人群可以回答的题。

测量者在确定描述要素时需要进行选择和取舍。这些决定有时可以基于测量工具在使用时的实际限制(例如在 PF - 10 中,测量身体机能会消耗太多时间,因此使用自我报告的形式更合理),有时则基于以往的惯例(PF - 10 采用自评的部分原因是早期更大型的测量工具也采用了这种形式),有时候则是根据主观判断。题库中已有的项目是有限的,而理论上题库中可以存在无限多的项目,因此测量者需要从中选择适合本次测量的项目。如何选择描述要素对建构也有不可忽视的影响。例如在 PF - 10 中,建构包含了身体机能的许多方面,但项目使用自评的形式限制了我们对测量工具的解释:(a) 不能超过自评的范围(结果只能解读为被试自认为如何,而不能说是被试具备何种能力);(b) 内容上也局限于适合自评的项目。

图 3.1 展示了测量者在 IEY 课程的项目设计中对分布要素的权衡。表 3.1 是该测验的设计蓝图的一部分。在这个案例中,项目主要有两个特性:(a) 与建构的关系(按列来看);(b) 与课程各单元内容的关系(按行来看)。我们还需要注意项目的第三个特性:(c) 项目是作为主要的评价(表格中用"A"表示)还是次要的评价(表格中用"√"表示"快速检查"的意思)。IEY 课程的项目还具有其他一些特征,如:(d) 它们是嵌入在课程中的,因此项目在一定程度上并不是只由题干的文字来表述;(e) 项目中对现实生活中的场景有简要描述,并要求学生在这一场景下承担某个角色(有时可能就是学生在日常生活中的本身角色,有时则是项目中特定的角色);(f) 项目通

常要求学生完成某些步骤，然后写下来；（g）项目常常包含与评分指南有关的关键词（例如优点和缺点）；（h）所有的项目都可以用一个通用的评分指南进行打分；（i）大部分项目包含两个部分：先根据实际情况做出判断或选择，然后解释原因。

> 你是一名在水务局工作的公务员。你的主管要求你在下次记者招待会上就公众关注的水加氯处理的事宜做出回应。请准备一篇书面稿，解释报纸上的文章所提出的问题。在你的稿件中，需要讨论氯化处理饮用水的优点和缺点，并解释你关于水是否应进行氯化处理的建议。

图 3.1　"IEY 科学测验"的样题

IEY 课程项目的九个描述要素是由测量者与课程设计者共同商量决定的。这些描述要素并不能完全囊括整个测量工具中的所有项目特征，每个项目实际体现的特征也有可能超出上述九个描述要素的范围。大部分工具设计都是如此。同时，我们也必须承认，在很多工具设计过程中，测量者对大多数要素的描述是含糊不清的。项目可以采用不同形式，测量者可以进行尝试。在 IEY 课程中，最初的项目形式是每个项目都有不同的评分指南。这对项目编制者而言更容易，但对老师来说，使用起来难度就增加了。我们最后决定使用对编制者来说更难但对老师来说更容易的形式（有关 IEY 课程的更多详情，可参阅 Wilson & Sloane，2000）。

表 3.1　"IEY 科学测验"的设计蓝图（部分）

变量原理			
设计和实施调查	证据和权衡	了解概念	科学信息的交流
设计调查计划	使用证据	了解相关内容	组织
选择并执行调查步骤	使用证据，权衡利弊	运用相关内容	技术方面
收集和整理数据			
分析和解释数据			

课程内容

1. 水质			√：两个原理
2. 探究感知阈值			＊风险管理
3. 专注度			√：应用相关
4. 描绘死亡			内容
5. 约翰·斯诺		A：使用证据	＊测量和评估　　A：两个原理
6. 水污染	√：设计调查计划		
7. 加氯消毒	A：所有原理		

注："变量"＝建构。＊表示所评价的内容概念。

如果我们思考一下在使用项目的评分指南进行打分时所需的信息，就不难理解为什么项目会呈现某些特征。例如，在考察"使用证据，权衡利弊"的项目中，如果没有"请解释"，评分员就无法得到足够的信息进行打分。不过，只考虑评分还不足以确定项目的所有特征。一般来说，在设计工具测量某一背景下的一个建构时，测量者会根据主观判断来选取项目形式。我们再来看 PF-10 中的项目，项目的其他要素可以概括为：（a）必须是目标人群中大部分人会进行的活动；（b）必须能够用这样的问题来提问："你的健康让你在这些活动中受限吗？如果受限，程度如何？"并且，可以用给定的选项来回答（如"是的，很受限"等）；（c）必须出自早期"医疗结果研究（medical outcomes study，MOS）"的测量工具（参见 Ware & Gandek，1998）。

如果我们对一个测量工具中一些项目的特征进行归纳，就会发现其中必定有一些特征是由测量者根据主观判断决定的。例如，在前文提到的两个例子中，尽管都没有提到"用英语提问和作答项目"，但这也是那些项目的特征之一。项目设计的一个默认的重要理念，就是在测量工具编制的早期明确题库的各种要素，以尽量降低项目设计的随意性。在一开始先尝试确定项目设计的要素，并不妨碍我们在测量工具编制的过程中反复修改各个项目。确定项目设计的要素是项目编制的起始步骤之一，在确定项目形式前已经编制出来的项目可以被视作是确定要素的一部分工作。一般来说，从已有的一组项目中确定一套项目设计的要素比从要素出发设计一组项目要难得多。我们也可以修改项目设计的要素，但一开始先确定一套初始的设计要素，会让整个工具的项目设计更具连贯性和一致性。

3.3 项目形式与项目编制的步骤

不同项目形式之间最本质的差异是对被试反应的预先限定的程度。预先限定越多，测量者在被试做出反应后需要做的就越少。反之，预先限定越少，实际测试后需要做的就越多。这也就是我们接下来讨论的对项目形式分类的基础。表 3.1 列举了各种类型的项目形式。这种分类法也可以被理解为项目编制的一种方法，即先从预先限定很少的问题开始，逐步发展到预先限定较多的问题。

当测量者还没有确定任何设计要素，甚至还没有确定建构时，就可以使用预先限定最少的项目。此时，项目实际上就只是进行观察。这一类发散性的测量工具在人类学研究中比较常见，如"参与者观察法（participant observation）"，参见保尔的描述（Ball，1985）。另一种类似的方法是派顿（Patton，1980）描述的"非正式访谈"。

> 研究者无法预知自己通过与人交谈可以做出什么重要发现……。在某一场景中进行观察或访谈时，研究者希望保持最大的灵活性来获得各个方面的信息（pp. 198-199）。

测量者（这种情况下通常被称为"观察参与者"）可能不知道观察的目的，"访谈的对象也很可能没有意识到他们正被采访"（Patton，1980，p. 198）。这种几乎没有什么预先限定的观察式的项目呈现在表 3.2 的第一行。从第一行往下，项目的预先限定逐渐增加，最后一行就是完全限定的项目。

表 3.2　不同形式项目的预先限定水平

项目形式	确定测量建构 X 的目的	描述项目设计要素		编制具体项目		
		总体的描述	详细具体的描述	无评分指南	编制评分指南	处理被试的反应
对被试进行观察	**之前或之后**	之后	之后	之后	之后	之后
简要的观察/访谈指南	之前	**之前**	之后	之后	之后	之后
详细的观察/访谈指南	之前	之前	**之前**	之后	之后	之后
开放题	之前	之前	之前	**之前**	之后	之后
开放题＋评分指南	之前	之前	之前	之前	**之前**	之后
固定答案题	之前	之前	之前	之前	之前	**之前**

有些测量者不喜欢把"对被试进行观察"看作测量的一种方法。但是本书将这种方法也纳入进来，主要原因有三点：第一，我们在书中介绍的很多方法也适用于观察；第二，观察在测量工具编制过程中是一种有用的技巧；第三，观察为我们讨论不同形式项目的预先限定程度提供了一个起点。[①]

在观察的基础上，略增加了一些预先限定的项目，就是表 3.2 第二行的"简要的观察/访谈指南"。在访谈中，派顿将其称为"访谈指南"，内容包括：

---

① 此外，观察类的项目在表现性评价中十分重要。已有越来越多的领域开始运用表现性评价。

在访谈开始前，列出要和每个被访者探讨的问题。这个访谈提纲中的问题不必排列顺序，也不用预先确定提问时的确切措辞。访谈指南只是作为一个任务，用于保证从每个被访者那里都获得了这些共同信息。

我们把这一形式的项目根据其预先限定的程度分为两类。第一类只对观察或访谈做很少的限定，包括对要测量什么建构和其他项目设计要素等，都只有总体上的大致限定。我们把这一类项目称为"简要的观察/访谈指南"。使用这种项目形式时，测量者在完成观察后才确定建构、设计要素等。另一类项目，我们称为"详细的观察/访谈指南"，顾名思义就是预先设定的程度较高，在进行观察或访谈前测量者对建构、项目设计要素有较为详细的描述。这两类项目的区别是一个度的问题：前者可以是模糊的总体描述，而后者则是仍然不完整但更为详细的描述。

预先限定较多的项目形式是"开放题"，包括本章开始时提到的测验中常见的开放题和访谈时的问题。在一般的测验中，项目的具体内容和顺序等在进行测试前已经确定好，并且测验会在标准化的条件下进行。在访谈中，派顿（Patton，1980）称之为"使用标准化开放题的访谈"。与观察/访谈指南一样，我们也把开放题分为两类。第一类开放题没有确定如何把被试的反应分类。大多数教师在课堂上使用的、自己编制的问题属于这一类。另一类开放题预先设定了如何把被试的反应分类，即事先制定了评分指南。前面章节中的 LBC 测验和"什么是好的教育"访谈中的项目就属于这一类。

预先限定最多的项目形式是标准化的固定答案题（standardized fixed-response），这类项目的典型代表就是选择题和李克特式项目。在回答这种形式的问题时，被试从已有的选项中进行选择，而非自行作答。这种项目形式可能是目前已经发表的工具中最常用的。我们在前面章节中介绍的 SAQ 和 PF - 10 就使用了选择题或李克特式态度量表。

项目形式的这种分类方法不仅可以用于我们在实践和研究中接触到的项目，它更重要的意义在于帮助测量者一步步完成项目编制的任务。我们认为，每一个测量工具的编制过程都是从最少限定的观察开始，逐步增加限定，直到满足该测量的需求。每一种形式的项目都应该对照表 3.2，完成纵列的要求。如果测量工具的编制跳过了这些步骤，那么测量者在确定项目设计的要素时会或多或少有些武断。例如，在没有研究被试对开放题会做出什么样的反应前就决定使用李克特式态度量表，可能会被质疑采用固定答案题型是否导致测量结果的偏离。

测量者编制新的测量工具定然是想超越过去已有的测评，因此找到新的、对测量工具编制有用的、文献综述中还没有的信息就十分重要。我们上面讲到的"对被试进行观察"的项目，正是寻找这样的信息的一个重要来源。测量者应寻找测量工具所针对的典型对象，进行观察。这里所说的观察，包括非正式的访谈、收集被试的某些工作成果或行为表现的记录等。测量者在观察过程中所获得的信息可以深化我们对建构的认识，观察到的实践中的情境也可以为测量者确定项目的分布要素提供参考。

　　在最初确定一些基本测量意图和概念后，测量者通过文献综述及观察被试充分了解要测量的建构的背景信息。再接下来，测量者就可以开始尝试编制观察/访谈指南。当测量者完全不清楚将在什么情境下进行测量时，观察/访谈指南是很难编制的。我们的建议是先草拟几个问题，然后找人试一下。即便测量者想设计的测量工具就是观察/访谈指南（而不打算进一步编制成开放题或选择题），试测也是非常关键的。在第二章里，我们已经介绍过如何通过画建构图来逐步明确建构。而明确项目设计的要素，如测量的重点是什么，如何恰当表达问题等，则需要对观察的结果有深入细致的思考。尽管文献综述中也许能找到类似的信息，但编制测量工具的过程性信息在文献中通常是不报告的。有一些因素决定了测量者是仅仅编制简要的观察/访谈指南还是继续深入和细化，编制详细的观察/访谈指南，如测量者计划对进行观察/访谈的人员做多少培训，以及测量者计划投入多少时间和精力分析观察/访谈的结果等。如果测量者的目标是进行精细的测量，那么简要的观察/访谈指南就必然是编制详细的观察/访谈指南的准备工作。

　　编制开放题有两种方法，一种方法是测量者撰写一系列问题，另一种方法是设计一套标准化的方法，由电脑自动生成问题。第二种方法很少见且相当专业化，我们就不在这里进行赘述。编制项目这种技巧，既是科学，又是艺术。说它是科学的原因在于对相关要素要有合理的描述，除此之外就都是艺术了。每一个问题的情境都是独一无二的。如果测量者的目标是编制固定答案的项目，那么还需要更多的步骤（我们将在下一章介绍）。

　　当测量者用多个项目组成一个测量工具时，还需要考虑"工具形式"的问题，其中一个问题就是一个工具中的项目，其形式是否需要保持一致。在一个工具中，所有的项目可以都是同一种形式，比如在很多标准化考试中，所有的项目都是单选题[①]，或者是在很多问卷中，所有项目都采用李克特式量表（尽管有时不同的调查内容会用不同数量的类别，如有些用五点计分，有些用七点计分）。我们也可以在一个工具中用多

---

　　① 　这种做法在美国比较典型。

种不同形式的项目。例如，档案袋评价也是一种评价工具，常用于表演艺术领域和某些专业领域。被试可以根据档案袋相关规则，挑选很多代表其水平的作品，这些作品可以是对不同形式项目的反应。[①] 有些测验也包含多种形式的项目，如选择题加短文，甚至各类现场表现等。同样地，问卷调查也可以由多种形式的项目组成，如既有判断题又有李克特式项目和简答题等。访谈中，测量者也可以既使用开放题，又使用选择题。

3.4 倾听被试的想法

编制测量工具过程中重要的一步，同时也是对人的测量中独有的一个步骤，就是测量者询问被试在作答时的想法。在第八章，我们会介绍在测量工作完成后如何使用这一信息验证工具的效度。而在这一章节里，我们则讨论在编制测量工具的过程中如何使用这一信息改进项目设计。对被试作答过程的研究方法主要有两种：大声思考（think aloud）和出口访谈（exit interview）。其他方法还包括反应时间研究、眼动研究，以及各种特殊处理研究（即在部分被试进行作答前，给他们提供某些信息，然后观察这些被试的作答行为与其他没有获得额外信息的被试有何不同）。

"大声思考"，有时也叫"认知实验室（cognitive labs）"（美国研究院，American Institutes for Research，2000）。在这类研究中，测量者要求被试在对项目做出反应时，大声说出他们是怎么思考的。测量者会进行录音或者录像，同时也会记录被试作答过程中的其他特征，例如跟踪被试的眼动等。在整个过程中，测量者会在场提示被试进行自我报告，并在必要时向被试澄清疑问。一般来说，被试需要通过一定的训练才能了解测量者感兴趣的内容，以适应这个过程。大声思考的结果提供的信息从简单到复杂详细不等，比如从很简单的"被试作答时并不在思考测量工具提出的问题"，到非常详尽的被试如何运用的具体认知和元认知策略等。

"出口访谈"和大声思考的目的基本一样，只是进行的时间是在被试对项目做出反应之后而非同时。可以在被试完成每个项目之后，或者是被试完成整个测验之后，测量者需要判断等到完成整个测验后进行是否会影响被试的回忆。出口访谈获得的信息与大声思考十分相似，但总体来说不如大声思考获得的信息那么详尽。不过这并不一

---

① 例如，学生成长档案里，可以有考试成绩、课外活动的记录、获奖证书等。

定就是劣势，有时候测量者恰恰就需要被试在完成作答后对工具进行反思。因此，结合出口访谈和大声思考两种方法可能是最好的策略。

图 3.2 是一个认知实验室的案例，是美国加州教育局在编制一个高中测验时进行的（详见 Levine & Huberman，2000）。为了对项目保密，我们对原题进行了改动。尽管表格中的内容不太详尽，但我们仍可以看出该项目在测量学生的学业水平是否达到某一标准，能否估算整数的近似平方根。

测量者在这里就结合使用了出口访谈和大声思考两种方法。在访谈过程中，测量者还需要通过与学生的交流来判断该生是否达到了特定的标准（即是否掌握了算整数的近似平方根的方法）。测量者的这一判断实际上也构成了一个项目，与测验项目一起形成了在同一建构上的不同形式的项目。这两个项目之间的一致性是判断封闭的项目（测验中的单选题）的质量的重要指标。这是一种很好的检验项目质量的方法，但是一般来说需要测量者基于同一建构特意设计两个不同形式的项目。在上面的案例中，由于测量者的判断并非基于事先规定的标准或内容，而是较为随意和非正式的，因此用这种方法就不太合适。

在测量工具的编制过程中，来自被试的信息可以有几种不同层次的运用。被试的反馈可能使测量者修改建构的定义；抑或导致建构要素或其他项目设计要素的变化；测量者可能修改项目形式或个别的项目；或者改变结果空间和评分指南（下一章将具体阐述）。在测量工具编制的过程中要充分考虑被试的见解，这一点怎么强调都不过分。当然也有没法这么做的情况，例如在婴儿和幼儿的认知测验中，测量者无法了解被试的想法，因此就需要通过一套别的专业技术来弥补这一缺陷。

对人的测量与其他类型的测量的另一个重要区别在于，测量者必须确保项目不会让被试感觉受到冒犯，不能要求被试进行违法或有害的操作，不能给被试带来额外的心理压力，不能因被试提供的个人信息导致对被试的不利或伤害等。前面描述的步骤有助于解决这些问题，测量者应重视被试提供的任何信息，并对项目做出相应的修改。此外，在出口访谈和大声思考中，被试可能会认为负面的反馈不是测量者想听的，因此测量者可以有针对性地提问。

例如，要了解项目是否会让被试感觉受到了冒犯，测量者可以召集多位不同背景的被试组成集体评审小组（community review panel）。小组成员应该包括测量工具的目标人群中的各类人，如不同性别、年龄、民族、社会经济地位、职务头衔等。在出口访谈和大声思考中，小组的每一位成员逐个检查每一个项目，然后对哪些项目需要修改或删除提出建议，也可以推荐他们认为重要的项目。最后由测量者来决定是否采纳这些建议，如果不采纳，则需要说明理由。

项目：M00×××

某个整数的平方是 2400～2500，那么这个整数应该是在：

A 40～45 之间
B 45～50 之间
C 50～55 之间
D 55～60 之间

....

学生的表现：

掌握情况	表现		
	回答正确	回答不正确	没有回答（未完成）
没掌握	2	1	1
掌握	10	0	

学生掌握情况：

有两名回答正确的学生，未能正确计算出 45 的平方，因此只是部分掌握。他们之所以能回答正确是因为他们能算出 50 的平方，或者只能计算 5 的平方。50 的平方，或 2500 是题目中数值范围的上限，他们由此确定 50 为上限的选项（选项 B）是正确答案。

答错这道题的学生不知道"整数的平方"是什么意思。他认为是平方根。

认知过程：

学生一般会计算选项中的数的平方来确定范围。不过，题目实际上只要求学生能够计算出 2500 的平方根等于 50。50 是范围的上限。两名学生不会计算 45 的平方，但能够计算 50 的平方，也选到了正确答案。

项目存在的问题：

学生只需要知道 50 的平方等于 2500 就可以选对，而不需要掌握计算更难一点的数字的平方。它实际上不需要学生会估算整数的近似平方根。

修改建议：

建议考虑改数字的范围（例如 46～48；49～51；52～54；55～58）。这样修改后，有些学生没有计算器可能很难算出这些数字的平方。

图 3.2　某一项目的认知实验室报告

（根据 Levine & Huberman，2000，有改编）

3.5　项目设计中需要注意的问题

在设计项目时，还有一些需要命题者特别注意的问题。首先是项目的合理性问题。近年来，中国学习 PISA 考试等国际大型标准化考试的经验，强调要设计学生真实生活场景下的问题。这就需要命题者认真思考，项目的情境设定是否符合实际情况。我们来看下面这道题：

> 公园的停车场共有 50 个停车位。经统计，周一至周四每天平均停车 20 辆，周五平均停车 30 辆，周六周日每天平均停 50 辆。如果爸爸妈妈开车带你去公园，哪天去最方便？

这道题设计的正确答案是"周一到周四中的任意一天"。但实际使用时，我们发现有一些小朋友回答周六或周日。当被问到为什么会选择这样的答案时，小朋友的回答是爸爸妈妈周六周日休息时才能去公园玩。所以，乍一看源自实际生活的情境，在这道题中却成了不合情理的设定。

在很多态度调查问卷中，我们也常常会发现不合理的问题。比如，在一份关于节能习惯的问卷中，测量者问被试"过去一年中浪费能源的次数"。人们很难记清楚过去一年某种行为的具体次数，问一周或者两周内的情况可能可以得到更可靠的信息。

另一个需要注意的问题是措辞。在质性访谈中，研究者往往会非常有意识地避免使用诱导性的、有明显褒贬的语言。其实这个原则在项目设计中也同样适用。特别是在态度调查问卷中，如果不小心用"酗酒""坏习惯"这样有明显褒贬色彩的词，很可能会让被试因为社会倾向性而做出不真实的回答。

项目设计实际上就是测量者和被试的沟通形式，"沟通技巧"非常重要。

3.6　其他参考资料

除了测量者辛勤工作、发挥创造力外，实际编制项目所需的一般资料主要来源于我们在前两章中介绍的那些理论文献、已有测评工具等。由于人们想要测量的建构有太多可能，本书很难一一列出关于应用场景、建构定义、项目形式等方面的具体资料来源。如果读者做了第一章的课后练习，应该已经了解自己计划要测量的建构目前有哪些常用的项目设计了。在学生学业水平测验领域，关于项目形式和编制项目的方法有几本有用的参考书，如哈拉迪那（Haladyna，1996，1999），尼科（Nitko，1983），奥斯特林德（Osterlind，1998）以及罗伊德和哈拉迪那（Roid & Haladyna，1982）等撰写的相关书籍。

相关领域的测量专家的经验也是非常有价值的。这些专家不仅能解释在该领域的测量中出现的具体问题，也了解如何利用测量工具编制过程中产生的不同类别的信息修改或编制出更好的项目。

3.7 课后练习

（接第一章和第二章的课后练习）

1. 每种形式编制几个项目，尝试多种不同的项目形式。

2. 根据你之前制定的建构图，编制项目。

3. 组成一个"项目审议小组"，集体对已经设计出来的项目进行全面、专业评议。（参见第三章的附录）

4. 写出你的项目设计要素。

5. 在第一轮项目编制和小组评议后，可能还需要进行第二轮，甚至第三轮。此外，你也可能需要修改建构的定义或其他项目设计要素。

6. 当你要编制测量工具时，仔细考虑本章阐述的步骤，并写出你的计划。

7. 向项目审议小组的成员和其他相关的人说明你的计划，一起探讨你们完成了哪些步骤，以及接下来还存在哪些问题。

附录：项目审议小组

1. 如何准备项目评议会？

（1）首先，对于你所编制的每个项目，确保你能解释它与框架的关系；你能证明它的表述对被试来说是恰当的；能产生你需要的信息；以及能用你的评分指南进行评分。

（2）如果可能，可以在你的被试中进行小范围、非正式的试测，尽可能从中获取有用的信息。例如，你可以请被试谈他们对测量工具和项目的感想。

（3）确保你要测量的建构的每一部分都有足够数量的项目（最初编制的项目中，可能会有 50％的项目无法用到最终的工具中）。当然，也不需要太多的项目，项目太多就无法进行小组审议了。如果你有非常多的项目，可以先挑出需要在小组审议会上讨论的那部分。

2. 项目审议小组的成员应该由哪些人组成？

项目审议小组成员的背景应当与你进行非正式试测时的被试类似：

（1）在可能的情况下，小组成员可以包括一些潜在被试；

（2）该领域的专业人员、教师，以及相关领域的研究者；

（3）对测量知识或对该领域的测量了解比较多的人；

（4）其他熟悉该领域，对该领域的情况有很多思考，或熟悉该领域目前测量的情况的人。

3. 你要向小组成员提供哪些材料？

至少提前一周，为每一位小组成员提供：

（1）理论框架，以及相关背景信息（但不要过于冗长）；

（2）对测量工具如何实施和如何评分的介绍；

（3）所有需要讨论的项目，并说明每个项目与建构的哪部分有关、如何评分等；

（4）其他相关的信息。

如果小组成员在理解上述材料时有问题或困难，你需要和他们进行讨论，一起解决问题。

4. 如何进行项目审议？

（1）你来主持评议会。作为主持人，你的目标是帮助每位小组成员以最有建设性的方式发挥作用，形成最能代表建构的一套项目。要让所有小组人员都清楚这个目标。小组人员要尽可能带着批判性的目光来审阅项目，但同时，批评意见必须是建设性的。成员之间争执不下的问题可以留到最后，由主持人/项目编制者决定如何处理。

（2）评议会的具体议程是什么样的？

①如果有小组成员不熟悉项目评议的程序，先解释评议会的目的。

②向小组成员简单介绍变量的框架和计划使用该工具的情境（如预期的被试和评分者等），然后请小组成员提出意见和问题。

③系统地讨论需要审议的项目，注意控制会议时间，合理分配讨论每个项目的时间。每完成对一个项目的讨论，在进入下一个项目前，确保你清楚地记录了小组对该项目提出的修改建议（由于一边主持会议一边进行记录比较困难，你可能需要找一个人来当记录员）。

④在讨论完所有项目后，请小组成员对整套项目给出总体评价，并询问这些项目能否较全面地代表要测量的建构。

⑤收集小组成员的书面反馈意见。

5. 小组会后需要做什么？

（1）需要在会议后马上做的：

①检查你的笔记（与会议的记录者一起），确保你清楚每个项目的修改意见。

②追问记录中不清楚的问题。

（2）仔细考虑小组成员提出的修改意见。需要指出的是，他们的建议并不一定正确。你来决定采纳哪些，进行哪些修改。

（3）完成对项目、建构和其他设计素材的修改，并可以推广至小组没有实际进行评议的项目。

（4）将修改后的项目（以及修改后的建构和背景材料等）分别发给小组成员，请他们再单独提出建议。

（5）根据他们的反馈和你自己的判断再进行必要的修改。

（6）如果你不能确定工具是否已经足够完善，可以再重复整个过程。

第四章　结果空间

4.0　本章概览和关键概念

结果空间

　　定义明确的类别

　　以研究为基础的类别

　　在特定情境下的类别

　　有限且无遗漏的类别

　　有序递进的类别

评分指南

　　本章集中探讨了如何对观察到的被试的反应进行归类并评分，使测量结果成为被试在建构上的水平的指标。在这一章里，我们首先会介绍"结果空间"的概念，即一组定义明确的、有限并且无遗漏的、有序递进的且以研究为基础的类别。然后我们对结果空间的上述特征一一进行阐述并举例说明。接下来，我们将探讨如何给不同的类别赋分。最后介绍两种应用较为广泛的创建结果空间和拟定评分策略的方法。

4.1　结果空间的属性

　　"结果空间"一词最早由马顿（Marton，1981）提出，他通过详细分析学生在开放题（类似图 1.2 中的 LBC 项目中的问题）上的作答（对各种作答情况进行现象描述，参见 4.2 节），发现可以把学生的作答情况归为几类，他将这组类别称为结果空间。马顿用了很大的篇幅来描述如何将学生的作答归为不同性质的类别。在本书中，我们也采用了结果空间这一术语，并将其定义扩展为将被试的反应进行定性描述的一组类别。在前面的章节中，我们实际上已经展示了结果空间的若干实例。如图 1.5 中，LBC 项目的评分指南就说明了如何将有关"具象化物质"建构相关项目的作答反应归类，这就是一个典型的开放题的结果空间。固定答案题的结果空间则有所不同，它们只包含固定的那几种反应。例如，在 SAQ 里，项目的结果空间为：

    a. 我不考虑自己在学习上的努力是否有效果；

    b. 我会考虑自己是否已投入足够的时间；

    c. 我会考虑自己是否已足够努力；

    d. 我会考虑自己是否研习了最重要的资料。

尽管这两种类型的结果空间有很大不同，但它们之间是紧密联系的：创建一个固定答案题的最佳方法就是先编制一个内容相同的开放题，然后研究其结果空间，再从中选择有代表性的反应作为固定的选项。当然，在选择有代表性的反应时，必须认真斟酌。

分类的理念蕴含着测量者对结果空间的类别之间存在的质性差异的设定。实际上，所有的测量从某种意义上来说都是建立在质性差异的基础上的。即使是选择题或李克特式项目这样的固定答案形式，也依赖于对不同反应层次（根据具体情况，可能是正确的程度或赞成的程度）的定性理解。罗氏（Rasch，1977）指出，对观察到的现象进行定性分类的，除了社会科学中的测量外，还有很多："自然科学要求观测必须是定量的，这实际上是错误的；即使是在物理学中，观测也可能是定性的——它的最终分析总是定性的。"（p.68）达尔格伦（Dahlgren，1984）将结果空间描述为"一种分析图"：

    它是一种实证性的概念，不是逻辑或推理分析的结果，而是深入研究实证数据的结果。同时，结果空间是非常具体的：得出的描述类别集并非由先验知识决定，而是取决于［项目］的具体内容（p.26）。

本节下面的部分描述了构建一个完整而有效的结果空间的必要条件，这部分内容总体上忠实于马斯特和威尔逊的原著（Masters&Wilson，1997）。结果空间的特征包括：所含类别必须是定义明确的，有限并且无遗漏的，有序递进的，依赖于特定情境的和以研究为基础的。

4.1.1　定义明确的类别

构成结果空间的类别必须是定义明确的，这不仅要包括：项目所测内容的一般定义（在本书描述的方法中，就是对建构的定义），还要包括背景资料；项目、项目的反应和对反应归类的例子；以及对评分者进行培训的程序。LBC 课程的例子展示了除最后一个特征外的其他所有特征：图 1.1 给出了"具象化物质"建构的简单定义和对不同反应水平的描述，描述中引用的文章（Claesgens，Scalise，Draney，Wilson & Stacey，2002）详细探讨了建构图的背景，参考了大量相关文献；图 1.5 展示了项目反应的类别集；图 1.6 展示了对图 1.2（Wilson，等，2000）中项目的一个典型反应（在这一案例中，该反应属于第 2 层水平）。

LBC 的例子中没有对评分者进行培训的程序。加入这一程序可以提高评分者的一致性，使评分结果更有用。评分者之间要达到高度一致就不能只依靠于书面的资料，还需要对评分者进行适当的训练。威尔逊和斯隆（Wilson & Sloane，2000）介绍了一种叫做"评价调节（assessment moderation）"的方法。在教育领域下，该方法被证实对教师特别有帮助，一方面教师运用自己的工作经验来进行评分，另一方面，评分过程也能促进老师的专业发展。具体来说，教师选取一些自己的学生或其他人的作答实例，并事先将这些实例分发给"评价调节小组"的其他成员。小组的每位成员都要利用手头所有资料来将这些反应归类，然后一起开会讨论，对这些分类进行调整。开会讨论的目的就是让小组成员互相比较各自的归类，讨论这样归类的理由，直到对归类达成一致。同时，教师还需要探讨学生作答被归为某一类别后的教学意义。这一过程可重复多次，每次用一组不同的作答实例，帮助教师达到更高的一致性。多次重复"调节"时，要跟踪教师随时间推移的改进情况。结果空间也可以在这一过程中不断修改。

检验测量者是否为评分员提供了充分解释的一种方式，是让不同的评价小组利用资料对同一组作答实例进行归类。两组判断的一致性可作为对结果空间定义是否清晰的指标。马顿（Marton，1986）对创建和使用结果空间之间进行了有效的区分，他将测量者对反应进行分类的工作与植物学家对植物分类的工作做了类比：

> 没有理由期望独立工作的两个人会建构相同的分类系统。问题的重点在于当一个人描述了一个类别，其他人是否能够发现或辨别出该类别……只有当研究者对类别的存在与否达成高度一致时，他们才能够使用这些类别

(Marton，1986，p. 35)。

4.1.2　以研究为基础的类别

结果空间的创建是项目编制过程的一部分。因此，测量者应熟悉与该建构相关的研究，能够辨别和理解学生对项目做出的不同反应。在学生学业水平测量领域，美国国家研究理事会（2001）委员会指出：

> 认知与学习模型应成为评价设计过程的基石。这个模型应建立在对学生如何表征知识和发展该领域技能的详细了解之上……根据评价的目的，这个模型可能是精细详尽的，也可能是粗糙简略的，但它一定是建立在对该领域学习者的实证研究基础之上的。理想的模型还应该可以提供发展性观点，展示学习者获取技能或取得进步的典型过程。

因此，在学生学业水平测试中，基于研究的认知与学习模型应是定义建构的基础，也是编制项目和设计结果空间的基础。这一点也适用于其他领域，如心理量表、健康问卷乃至市场调查等。所有的量表开发工作都是围绕建构展开，都以建构相关的研究为基础。在此类以研究为基础的结果空间背后，有一系列不同形式和深度的研究支持。例如，LBC 的建构是建立在仔细研读相关文献（Claesgens，Scalise，Draney，Wilson & Stacey，2002）的基础之上的。在 PF - 10 中，尽管作者并未明确地确立建构，但他们阐述了相关的研究依据（Ware & Gandek，1998）。IEY 科学测验项目的结果空间的类别集是通过分析学生在试测时的不同反应而发展来的（Wilson，Roberts，Draney，Samson & Sloane，2000），作者通过"学习结果的结构"分类法（Biggs & Collis，1982）把学生的反应归类。SAQ 的建构是以研究小组成员之前发表的研究为基础的（Thomas & Rohwer，1993）；"高质量的教育"访谈的评分方案也是建立在小组成员的已有研究基础上的（Commons，等，1983，1995）。

4.1.3　在特定情境下的类别

在对建构的测量中，结果空间必须始终以运用这一建构的情境为依托。有些人可能会担心特定情境下的结果空间所产生的分数不具有普遍意义。但这种担心是不必要的。例如，单选题中的选项（正确选项和干扰项）只在其项目背景下才有意义，但项目的得分（正确/不正确或 1/0）则可以更宽泛地去解释。即使有时候不同情境中的类别大致相同，但在每个项目的具体情境下，测量者也不可避免地需要重新解读这些类别。例如，LBC 中的项目，"具象化物质"建构上的所有项目使用的是广义的评分指南，但针对每一个项目，指南中都附有一组特定的样例（如图 1.6 所示），这些例子来自项目试点时学生的作答，结果空间的类别集也是通过分析试点时所有的学生作答而来的。

4.1.4 有限且无遗漏的类别

测量者在某次测量中所得到的被试对开放题的反应只是可能的反应中的一部分。假设有一道作文题，以"暑假你怎么过的"为主题写一篇不超过 5 页的文章。设想一下学生可以写出多少篇不同的作文。应该是非常多的（由于英文中只有有限数量的单词，所以理论上可以写出的作文的篇数还是有限的）。如果再对这个主题加以不同的限制（可以加的限制的数量又是庞大但有限的），接着再变化实际进行考试的条件（很难确定可以有多少不同的考试条件，也许有无限多的可能），那么测量者可能得到的作文的篇数也许接近无限多。结果空间的作用就是将所有可能的反应进行归类，并赋予这些类别次序和意义。尽管反应的数量可能是无限的，但类别的数量却是有限的，这是结果空间的一个非常重要的特征。例如，LBC 评分指南将所有项目反应划分为 10 个等级（图 1.5）："无反应或做出无关的反应"、"描述"（这一等级又包含三个层次）、"表达"（这一等级也包含三个层次）、"关联"、"预测"和"解释"。PF－10（图 2.3）的结果空间则只有三个类别："很受限""有点受限"，以及"一点也不受限"。

此外，结果空间还必须是无遗漏的，也就是说，每种可能的反应都必须能被纳入一个对应的类别。在 LBC 的例子中，"没有机会进行作答"和"无反应或做出无关的反应"这两个类别就是用来处理比较难归类的反应的。在测试条件不够标准化的情况下，有时会产生一些较难归类的反应。另外，有时被试也会给出超出测量者预期范围的反应，比如有人会写"哈利爱萨利""测验使人极度不快"等等。我们不能忽视此类出人意料的反应，这些反应可能包含了在更大的情境范围下可解释的信息，甚至在其他情境范围中它们可能相当重要。但是，它们并不能帮助测量者了解被试在当下所测的建构上的水平。在固定答案题中（如 PF－10 中的项目），项目的形式就决定了结果空间的类别是数量有限且无遗漏的。测量者很容易会犯的一个错误是对类别的描述太局限于特定内容，导致不够全面，遗漏了一些其他的可能。测量者根据自己的主观判断或理论，想象被试可能出现的反应，并对这些反应进行分类。但他们没有意识到被试可能会出现很多他们想象不到的反应，有些反应可能与测量者所依据的理论并不相关。

4.1.5 有序递进的类别

要从结果空间推论出被试在建构上的水平，结果空间中的类别必须是有递进次序的。有些类别代表建构图中较低的水平，而有些则表示较高的水平。在单选题和是非题这类传统的固定答案题中，结果空间只有两个水平，即"对"和"错"。在李克特式项目中，次序是选项本身所固有的，如"完全同意""同意""不同意"和"完全不同意"将反应划分为四个有序的水平。开放题的评分指南也需要对不同的类别进行排序。如图 1.5 所示，LBC 测试中，结果空间被划分为 10 个有序等级，评分从 0 到 5 分（每分包括"－"和"＋"）。

对于结果空间类别的排序需要以与建构相关的理论和实证研究的证据为支撑。支撑结果空间的理论与支撑建构的理论是相同的。支持结果空间的实证研究同时也是测量工具试测和正式施测中不可或缺的一部分。对于类别的排序不一定要很完善，有时仅仅是大致的分几个有序的区（有些类别可能属于同一个区），也可以为测量者提供有用的信息（Wilson & Adams，1995）。

4.2 将结果空间与建构图关联起来的环节：赋分

大多数情况下，仅有结果空间的类别还不足以完成测量。我们还需要一个步骤，将这些类别与建构图右半边的"典型反应"一侧关联起来。这一步骤就是将结果空间的有序类别进行赋分。在许多案例中，赋分的过程被视为确定结果空间的类别不可分割的一部分。这种做法当然很好，确定类别和赋分两个工作能彼此呼应。不过，我们至少还是需要在理论上能够区别这两个过程，因为测量者必须能够对测量工具编制过程中的每一步做出合理解释；并且有时可以用不同的评分方案来与建构关联。

在大多数情况下，特别是在测量者使用已经编制完善的项目时，如何对结果空间的各个类别赋分已经经过了长期实践的验证。例如在选择题中，选择正确的选项计为 1 分，选择错误的干扰项则计为 0 分的做法已经是标准的做法，是目前这种题型通用的评分方式。问卷调查中的李克特式项目则通常根据所提供的反应类别的数量来计分，如果是"完全同意""同意""不同意"和"完全不同意"之类的四个选项，那么它们分别被计为0、1、2、3分（有时也可以被计为1、2、3、4分）。对于反向题，一般会反过来计分，即3、2、1、0分。

对于开放题，结果空间的类别必须按其质性差异排序。比较常用的方法是把每个类别按顺序赋分为连续的整数，类似李克特式项目的赋分。图1.5展示的LBC的例子中，对各个类别就是赋予了0~5的连续的整数（解释＝5；预测＝4；关联＝3；表达＝2；描述＝1；无反应或做出无关的反应＝0）。需要进一步细化时，我们可以增加评分等级。可以像"LBC"测试中那样，使用"＋"和"－"；也可以新增类别，并增加分数等级。在图1.5中，"没有机会作答"这个类别被评为"×"（表示缺失）。在某些情况下，测量者也可以把这个"×"转换为0分，例如，测量者根据学生之前的作答情况判断出这题对该生来说太难了，因此没有让这名学生回答。但是，如果这名学生没有答题的原因与该生在这个建构上的水平无关，那么还是应该保留"×"来表示缺失数据。把被试没有回答问题的情况记作0分或记作"×"，对接下去估计被试能力水平是有影响的。因此，需要谨慎处理。

在某些情况下，测量者可以考虑结果空间的类别是否有其他的赋分方法，不同的赋分方法可能会带来有趣、有启迪的发现。例如，在选择题中，有时我们会发现一些干扰项比其他干扰项更容易被"能力更高的"被试误选。当这个差异足够大，并且可以用建构相关的理论来解释差异时，测量者就可以尝试将这些干扰项判定为"部分正确"。例如，图4.1中的选择题，标准的赋分方案会把选A、C和D的都计为0分；选B的计为1分。但是在这些干扰项中，相对于A和D选项，将C赋予更高的分数也是合理的（因为根特也位于比利时，其他两个城市则不是比利时的）。因此，另一个可行的赋分方案是：选A和D计0分，选C计1分，选B计2分。测量者可以对任何结果空间进行类似的分析，制定有意义的赋分方案。

> 问：比利时的首都在哪？
>
> A. 阿姆斯特丹
>
> B. 布鲁塞尔
>
> C. 根特
>
> D. 里尔

图4.1　可以采用多级评分的选择题案例

4.3 构建结果空间的一般途径

构建结果空间离不开测量者编制测量工具的特定情境，既包括理论情境，也包括实践情境。测量者要从建构的定义出发，考虑项目设计的描述要素，然后尝试编制一些项目，再探索这些项目的结果空间。接下来我们介绍构建结果空间的两种通用模式：前面已经提到过的"现象描述分析法"（Marton，1981）和学习结果的结构分类法（Biggs & Collis，1982）。在本节最后部分，我们还将简单介绍格特曼（Guttman）提出的适用于非认知情境的一种分类方法。

4.3.1 现象描述分析法[①]

现象描述分析法是一种构建认知测验的结果空间的方法，以对学生反应的详细分析为基础。这种方法源于马顿的研究工作，他说，现象描述分析是一种用图来表示人们在积累经验、形成概念、感知和理解自己周围世界各个方面和现象上的质性差异的研究方法（Marton，1986，p.31）。

现象描述分析通常是由一个开放题或任务来了解被试对某一特定现象的掌握程度。在非结构性的访谈中，这种方法最为常用。在访谈过程中，测量者会鼓励被试解释如何理解相关概念、如何思考这个问题，以及如何选取解决问题的途径等。

马顿通过现象描述分析发现，尽管学生的作答情况千差万别，但不同答案反映出的学生对现象或概念的理解和思考的质性差异却总是有限的几种（Marton，1988）。图4.2展示了一个现象描述分析的例子。从示例中被试的不同反应可以看出，在考虑光的传播与光是否可见的关系时，只有那么几种不同的方式。通过现象描述分析，测量者可以得出一组类别，这组类别能够概括出被试的各种不同反应之间的质性差异。

这类研究中所分析的数据通常是访谈记录（也有例外的情况）。在分析被试的反应时，要尝试辨别出每位被试对问题做出的反应中的关键特征。尤其要仔细寻找访谈中是否有内容可以揭示被试是如何思考这个问题的，找到后要把这部分陈述以及此陈述

---

① 本节的内容基于马斯特和威尔逊的相关研究（Masters & Wilson，1997）。

发生的情境的详细资料摘录出来，汇总成资料库，供下一步分析使用。

　　然后，研究者把分析的重点转移到这个资料库。仔细阅读被试的陈述，然后进行分组。对于不确定属于哪一组的陈述要更仔细地考虑，这对分清相邻两组很有帮助。在分组的整个过程中，反复对比不同被试的陈述是关键所在。

　　　　一方面，被归入某一类别的陈述赋予这个类别含义，而与此同时，这个类别的含义又决定了哪些陈述可以被归为这一类，哪些则不属于这一类。这意味着分析过程是一个不断迭代的过程，会很枯燥、很耗时。在这个过程中，对陈述的归类和每个类别的含义都会不断地变化。（Marton，1988，p. 198）。

　　分析的结果是资料库中的陈述都分成若干组，每一组都反映了不同的理解水平。这些组就形成了结果空间中的类别，资料库中的陈述则作为示例，来解释说明这些类别。此外，马顿（Marton，1988，p. 195）指出这些类别通常存在等级关系，比如其中一个是最佳的定义，其他的释义可以依据一定的评价标准进行优劣排序。拉姆斯丹等人（Ramsden，1993）认为，现象描述分析法与其他质性研究方法最核心的区别在于现象描述分析法旨在建立多层且有序的、复杂性不断递增的对事物的理解水平，同时尝试描述不同水平层次间的逻辑关系。

　　　　在一个漆黑的夜晚，一辆轿车停在一条又平又直的公路上。轿车的前灯开着，用近光照射。一个站在公路上的行人看到了轿车照射出的灯光。情况如图所示，图中有四个部分。请问在哪个部分有光？请回答并给出理由。

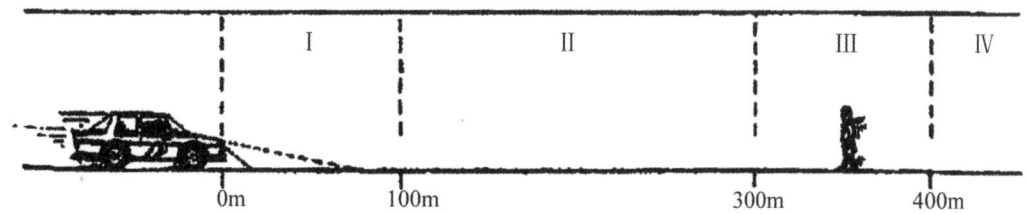

图4.2　一道物理学的开放题（Marton，1983）

　　现在我们来讨论图 4.2 这道题的结果空间。这道题旨在调查学生对光的传播与光是否可见之间关系的理解。光是一种物质，在空间里传播时不依赖光源或照射物。这个概念对于理解光和人如何看到光至关重要。安德森和卡维斯特（Andersson & Kärrqvist，1981，p. 82）发现，瑞典九年级的学生中只有很少人理解了光的这些基本属性。根据他们的观察，物理教材的作者想当然地认为学生已了解了光和光传播的特性，因此教材的内容很快地进入下一阶段，开始介绍透镜系统。教师也同样没有意识到学生可能还没有理解光的基本属性，而是主观地认为学生在这部分已经没有问题了，因此没有深入、系统地教授这部分内容。

为更仔细地研究学生对光的传播与可见性的了解，研究者让来自瑞典六至九年级的558名学生回答了图4.2中的问题，并对其中21名学生进行了跟踪访谈（Marton，1983）。根据学生的书面回答和口头解释，研究者归纳出五种对光与其可见性的理解类型，详见图4.3。

（e）物体反射光。当光到达眼睛时，我们看见了物体。

（d）光线在眼睛和物体间来回传播。眼睛发出光线，到达物体，再反射回眼睛，于是人们就看到了物体。

（c）眼睛发出光线，当光线到达物体时，人们就看到了物体（近似欧几里得的"光束"概念）。

（b）物体的图像传递到眼睛时，我们就会看见它（类似古希腊原子说的"幻象"概念）。眼睛与物体间的关系是"理所应当的"。人们毫无疑问直接就能看见物体。

（a）想当然地认为眼睛与物体之间的关系是自然存在的："人们自然就能看见。"可能会指出必须要有光。

图4.3 基于现象描述分析法的结果空间案例

我们从图4.3底端开始看，处于最低水平的学生（类别（a））在回答这个问题时完全不了解物体与眼睛之间光是如何传播的，按照这些学生的说法，他们只是"看到了光"。处于类别（b）的学生认为物体的"图像"被传播到人的眼睛，处于类别（c）的学生认为人眼能像手电筒一样发出光束，随着目光转向某物体并聚焦在某物体上，眼睛就看到了物体。类别（d）的学生认为由眼睛发出的光线射向物体，再反射回眼睛，这样人们就看到了物体。只有类别（e）的学生能正确地认识到光从物体反射到眼睛才使人们看到物体。

每一类反应对问题的理解都存在质性差异。类别（e）反映了最高的理解水平，而类别（a）则反映了最低的理解水平。马顿（Marton，1983）没有说明这五个类别是否是依次递进的五个层级。这个案例的主要目的是阐述用现象描述分析法创建结果空间的类别的过程。当然，类别（b）、（c）和（d）反映了类别（a）与（e）之间的多个不同性质的中间水平。六年级学生的回答中，没有被评为（e）类的，而九年级学生的回答中仅有 11% 被评为（e）类。

4.3.2　学习结果的结构分类法（SOLO 分类法）

学习结果的结构（structure of the learning outcome，SOLO）分类法是一个广义的理论框架，可以被用来编制认知领域的各种项目的结果空间。这种分类法由比格和科里斯（Biggs & Collis，1982）开发，为测量者判断和分类学生的反应提供了一个参考框架。图 4.4 展示了 SOLO 分类法的具体类别。

SOLO 分类法是比格和科里斯通过观察总结出来的。一开始，他们试图将学生按皮亚杰的儿童思维阶段理论分类，然后根据分类预测学生对项目的反应，但他们发现学生的反应不符合预测，个体在不同任务中的表现不一。比格和科里斯（Biggs & Collis，1982，p. 22）的解决方案是把原来对儿童思维发展所处阶段的分层转变为对可观测的儿童作答结果的分类分级。比格和科里斯认为，从实践出发，改变直接给学生个人打上分类标签的做法，只对学生在完成某一特定任务时的表现进行分类，就可以解决问题。因此，SOLO 分类法中的类别描述的是某个特定时间的特定表现，而不是给每个学生贴标签。

抽象和扩展：被试的反应不仅包含对问题的全方位考虑，还整合了其他（原本的问题以外的）相关信息。

关 联 结 构：被试的反应体现了他对问题多个方面的综合考虑。

多 维 结 构：被试的反应包括对问题的多个方面的思考，反映了多个方面的相关信息。

单 维 结 构：被试仅对问题的一个方面做出相关的反应，或反应只包含一个方面的相关信息。

无 　 结 　 构：被试的反应仅包含不相关信息。

图 4.4　SOLO 分类法

史前巨石柱的用途

史前巨石柱位于英格兰南部索尔兹伯里平原上。巨石排列成一圈（如图所示）①。有些巨石已经倒下，有些已经消失。那个时代居住在英格兰的人被称为铜器时代人。很久以前那里有几个市镇，史前巨石柱是一座用来祭拜和供奉的神殿。有些巨石从附近山中搬运而来，专家们认为还有些巨石来自威尔士群山，被称为蓝石。

问题：你认为史前巨石柱有没有可能不是神殿而是一座城堡？为什么？

图 4.5　历史领域的 SOLO 分类法例题（Biggs & Collis，1982）

图 4.5 和图 4.6 展示了如何运用广义理论框架（SOLO 分类法）来构建对应的结果空间。在这个例子中，五种类别分别对应 SOLO 分类法里的五种反应水平："无结构""单维结构""多维结构""关联结构"以及"抽象和扩展"。具体的问题是让学生阅读一段有关史前巨石柱的资料，然后回答相关问题。案例中的问题是让学生根据图 4.5 中的短文和一张史前巨石柱的图片，写出这些史前巨石柱是否有可能是城堡而非神殿，并解释原因。这道题的设计意图是评价学生对不完整资料做出合理解释的能力。参与测试的学生的年龄从七岁半到十五岁不等。

这个例子提出了一个有趣的问题，即在处理具体问题时，像 SOLO 分类法这样的通用的理论框架到底是否可行。比格和科里斯论证了将 SOLO 分类法应用于多种学习和工作领域的可行性。此外，其他研究者也在实证数据中观察到类似SOLO的结构。不过，达格伦（Dahlgren，1984）认为，SOLO 分类法的通用性既是它最显著的优点，也是它的缺点。达格伦等人发现，尽管反应间的结构性差异能够通过 SOLO 分类法体现出来，但与具体内容密切相关的差异却无法用 SOLO 分类法来解释。不过，SOLO 分类法作为一种进行初步分析的方法，已应用于许多评价中。

---

①　试卷中有图，本书没有引用该图。

4 抽象和扩展

"史前巨石柱是历史上众多名胜古迹之一，关于它的历史，众说纷纭，有人认为它过去曾是一座城堡，但有一些证据则显示它更可能是一座神殿。考古学家认为，它的建造分三个不同的时期完成，因此它不太可能是一座城堡。环形的设计和来自威尔士的蓝石，都支持史前巨石柱是神殿的说法。有人认为它是用来敬拜太阳神的，因为在一年中的某个时候，阳光会沿着一条路径照射到祭坛石上。另一种理论则认为，它的建造具有占星学意义，又或者外面的一圈凹坑是用来记录时间的。对史前巨石柱的用途有很多种推测，但没有人真的知道真相。"

上面这段回答显示了该学生在考虑不同方面的信息时，能够保持客观，不草率做出结论，保持了讨论结果的开放性。这个学生引入了题目提供的资料之外的信息，并且他的反应的结构显示了他有较好的推理演绎能力。

3 关联结构

"我认为它是一座神殿，因为它具有圆形的排列，在顶端还有一个祭坛。我认为它是用来敬拜太阳神的。在它上面没有屋顶，这样阳光正好可以照进神殿。为了拜神，许多人为建造它付出了大量艰辛的努力，不惜将蓝石从威尔士搬运过来。总之，古人肯定不可能在平原的中间修建一个城堡。"

这个回答比下面一些类别的回答考虑得更周到一些，纳入了大量的资料，考虑了取舍，并将证据相互关联起来。

2 多维结构

"它可能是一座城堡，因为它看起来像是具有城堡抵御的功能。那时候人们经常用石头来修建城堡。这样看起来人们可以保卫它。"

"史前巨石柱更可能是一座神殿，因为它看起来像一种全部为圆形的设计，人们需要付出很多努力才能建成。"

这两个回答显示出学生只思考资料中引起他们注意的少数特征，然后就做出了结论（他们给出了封闭式的结果），且这些特征被孤立起来讨论。学生没有权衡每一种论点的利弊，因此没有得出考虑到各种可能性的综合的结论。

1 单维结构

"它看起来更像神殿，因为它们都是圆形的。"

"它可能是一座城堡，因为有些巨石已经被推倒了。"

这些学生只注意到了资料的一个方面，并就此做出结论。

0 无结构

"它是一座神殿，因为有人住在里面。"

"它既不是城堡也不是神殿，因为这些巨石已经倒下了。"

第一个回答显示出该学生没有理解提供的资料以及问题的含义。这个学生大致了解到资料里提及"神殿""人"和"居住"，然后用文字、图片和问题中这些没有联系的片段组成了自己的答案。在第二个反应中，这个学生的回答把重点放在了图片中不相干的信息上。

图 4.6　一道历史题的 SOLO 结果空间（Biggs & Collis, 1982）

IEY 科学测验中"使用证据"建构图就是灵活应用 SOLO 分类法的例子，该建构图最初使用了 SOLO 分类法中的五个层级，在研究了学生对项目的反应后，最终修改为图 2.4 所示的结构。所有的 IEY 科学测验建构图都做了类似的改编，它们都以学生对项目的反应为基础，由 SOLO 结构改编而来。在 SAQ 中，项目的结果空间也是经过类似的改编而来的。SOLO 分类法为研究者提供了一个很好的分析学生反应的出发点，其灵活性是这种方法最大的优点。

运用 SOLO 分类法时，下一步要做的工作就是继续发展其他有用的类别。研究者在应用 SOLO 分类法时发现了一个问题："多维结构"这个类别包含的可能的反应要比其他类别多得多，因为有很多情况都可以被判为部分正确。伯克利测量和评价研究中心（BEAR Center)[①] 把"多维结构"又分为了若干中间水平，新产生的结果空间被称为 BEAR 分类法，如图 4.7 所示。

"抽象和扩展"型的反应不仅包含了项目提供给被试的资料中的所有相关信息，还扩展到项目以外，把各种相关信息进行整合和分析。

"关联"型的反应整合了项目提供给被试的所有相关信息。

"部分关联"型的反应整合了若干（但不是全部）相关信息。

"多维结构"型反应是关联了项目提供给被试的若干相关信息，并对这些信息的分析进行有机整合。

"部分多维结构"型的反应包含了项目中一个以上的相关信息，但不能成功地将用到的信息关联起来。

"单维结构"型的反应仅包含项目中的一个相关信息。

"无结构"反应仅包含不相关信息。

图 4.7　BEAR 分类法

4.3.3　格特曼项目

在态度和行为调查等领域，创建结果空间的常用方法是使用李克特式项目。通常项目包括陈述（有时称为"题干"）和一组标准选项，被试必须选择其中一项。最常见的一组选项是"完全同意""同意""不同意"和"完全不同意"，有时候中间可能还有一个表示中立的选项。测量者可以根据具体情境来调整这些选项。例如，PF - 10 的

---

　① Berkeley Evaluation and Assessment Research Center，简称 BEAR Center。

项目就改编了选项（参见 2.2.1 节）。尽管这是一种常用的方法，但是这种简单的、替换一条陈述就编制出一道新题的做法，很可能导致选项与建构无法产生对应关系。在此类项目中，测量者几乎没有指导被试要如何判断从"完全不同意"到"不同意"的差异。每个被试可能对这些差异有截然不同的理解。当项目中的选项不是"同意""不同意"这样的文字表述，而是数字或字母，如"1""2""3""4"和"5"时，问题就更严重了，对于如何区分这样一组序列，被试得不到任何提示。

另一种可选形式是将陈述嵌入每个选项中，为被试提供一些具体的信息，以便在项目所指的特定情境中做出区分。这样做的目的是尝试将项目和整个建构联系起来，使得测量者能够对被试的反应做出更合理的解释。这种方法由格特曼（Guttman，1944）提出，因此也称"格特曼项目"：

在"格特曼项目"中，如果被试赞成一组陈述中更极端一项说法，他就必须赞同所有没那么极端的陈述。……如果有一组关于相同内容的陈述，水平高的被试在所有的项目上得分都不低于水平低的被试，那么这一组题就构成了"格特曼量尺（Guttman scaling）"（Guttman，1950，p. 62）。

举例来说，假设一个格特曼量尺由四个描述态度的项目构成，每个项目的选项包括"同意"或"不同意"两个，且项目 1、2、3、4 的次序也是它们在量尺上的排序，那么只有表 4.1 中的反应才符合格特曼量尺的要求。如果所有的反应符合要求，那么当测量者进行评分时（比如，"同意"＝1 分，"不同意"＝0 分），被试的得分和他对四个项目的反应之间是一一对应的关系。得分为 1 分的人，必然是赞成项目 1，且不赞成其他项目，因而也可以把该被试的态度理解为介于项目 1 和项目 2 之间。同样，得 3 分的被试必然同意前三个项目的陈述，而不赞成最后一个项目的陈述，因此可以将该被试的态度解释为介于

表 4.1　对格特曼量尺的反应

项目编号				得分
1	2	3	4	
同意	同意	同意	同意	4
同意	同意	同意	不同意	3
同意	同意	不同意	不同意	2
同意	不同意	不同意	不同意	1
不同意	不同意	不同意	不同意	0

项目 3 和项目 4 之间。如果有对四个项目的其他反应，如依次为"不同意""不同意""同意""不同意"，则表明这组项目并不能构成一个理想的格特曼量尺。

格特曼利用这一方法编制的四个项目如图 4.8 所示。这些项目用于一项对二战归来的美国士兵的研究中。每个项目有两个以上的选项，因此理解起来就有些复杂，但仍然可以用同样的方式来解读。对四个项目的反应，有八种情况符合格特曼量尺，按照被试选择每种选项的频率，这八种情况分别被评为 0~7 分。图 4.9 展示了对该量尺的第一个项目的评分。图中，表格的第二行呈现了被试选择第一题各选项的比率。根据图示，总分为 3 分的被试在回答第 1 题时必然是选择了（a）选项，而总分为 6 分的被试则必然选择（b）选项。

图 4.9 与我们之前介绍的建构图有异曲同工之处，图的最上面一行是项目的选项，这对应了建构图的右半部分（即"项目反应"部分），图的下面两行是关于被试的信息，最末一行显示了不同水平的被试所处的位置，这对应建构图的左半部分（即"被试特征"部分）。

     5. 如果你找到了一份很好的工作，你会怎么做？

     （a）我会接受这份工作

     （b）如果政府资助我上学，我会拒绝这份工作

     （c）不管怎样我都会拒绝这份工作，重返校园

     6. 如果你找到了一份工作，但不是很好的工作，你会怎么做？

     （a）我会接受这份工作

     （b）如果政府资助我上学，我会拒绝这份工作

     （c）不管怎样我都会拒绝这份工作，重返校园

     7. 如果你根本找不到工作，你会怎么办？

     （a）我不会重返校园

     （b）如果我能得到政府资助，我会重返校园

     （c）即使没有政府资助，我也会重返校园

     8. 如果战争结束后你可以做自己喜欢的事，你会重返校园吗？

     （a）会

     （b）不会

图 4.8　格特曼项目示例（1944）

好工作	接受好工作（70%）				如果政府资助上学，会拒绝好工作（20%）		拒绝好工作（10%）
比率	35%	15%	10%	10%	5%	5%	10%	10%
总分	0	1	2	3	4	5	6	7

图 4.9 格特曼项目的量尺示例（改编自 Guttman，1944）

另一个格特曼项目的案例是一项学生对国民教育课程的满意度调查［由黎伍德（Laik-Woon Teh）实施］。该课程是新加坡国家公民计划的一部分。调查问卷中的部分项目如图 4.10 所示。注意观察相邻选项间的次序和相对的含义。例如，在第一个项目中，选项"我会去上课"的含义的重点在于和相邻两个选项比较，学生对课程的认可程度不同。此外，黎伍德还编制了一组李克特式项目。研究者发现，格特曼项目和李克特式项目在信度方面表现差不多，但格特曼项目能更好地解释建构（根据测试数据计算出的项目的实际排序与其理论预期的次序更吻合）。不过，黎伍德也认为编制格特曼项目比编制李克特式项目要困难得多。

> 1. 如果下节课是国家规定必修的国民教育课，你会怎么办？
>   a. 我不会去上课。
>   b. 除非这门课比较有趣，否则我不会去上课。
>   c. 我会去上课
>   d. 我会满怀热情地去上课。
> 2. 在国民教育课上，你通常会做什么？
>   a. 我什么也不做。
>   b. 当被点名时，我会参与课堂活动。
>   c. 我只做这门课要及格必须做的事。
>   d. 老师要求做什么我就做什么。
>   e. 我满怀热情地参加所有课堂活动。

图 4.10 两道源自"学生对国民教育课程的态度"调查的格特曼样题

4.4 其他参考资料

构建结果空间是一项复杂而辛苦的任务。关于如何完成结果空间的构建，马顿、豪谢尔和恩特威斯尔（Marton, Hounsell & Entwistle, 1984）的著作里，关于现象描述分析法的那一章里有非常详尽的描述。要进一步了解 SOLO 分类法，可以参阅比格和科里斯（Biggs & Collis, 1982）的著作；此外，比格和摩尔（Biggs & Moore, 1993）的著作中提供了将 SOLO 分类法应用于教育情境中的大量信息。如何对结果空间赋分也是一个有趣的问题。怀特和马斯特（Wright & Masters, 1981）以及威尔逊（Wilson, 1992a, 1992b）考察了不同的赋分方式对同一结果空间的影响。

测量者在构建结果空间时，也可以借鉴一些其他心理学领域的理论框架。比如，在认知领域，我们可以参考布鲁姆认知三角形（Bloom's taxonomy），简单地说就是我们在学习某个知识时，基本遵从"记忆—理解—运用—分析—整合—评估"的过程。如果是考察儿童在较长时间段内的认知发展，则可以参考皮亚杰（Piaget）的儿童认知发展框架。在道德发展领域，我们可以参考科尔伯格（Kohlberg）的道德发展"三水平六阶段"理论[①]。此外，学生的学习投入、情感认同以及一些心理技能，都有相对成熟的发展过程理论框架可供借鉴。

4.5　课后练习

（接第一章至第三章的课后练习）

1. 选择你编制的一个或几个项目，用 4.3.1 节里介绍的现象描述分析法，研究被试的反应，构建结果空间。

2. 在构建完结果空间后，请你写出一个完整的评分指南（像图 1.5 中的那样），并将相关信息也纳入你的建构图。

3. 进行试测。试测的方法可以参照本章后面的附录。

4. 编制测量工具时，请尽量仔细考虑前面所概述的步骤，并记录你的具体计划。

5. 与他人讨论你的计划、进展，以及出现的问题。

---

① Sherman C J. The Psychology of Moral Development. Vol. 2: The Nature and Validity of Moral Stages, by Lawrence Kohlberg [J]. Journal of Religion, 1984, 3.

附录：项目试测

试测前

（a）完成附录中介绍的项目审议。

（b）选出能代表你的目标被试群体的一小群被试（如 30～100 人）。注意：这个小组不一定要有很好的代表性，但他们的能力分布应该要覆盖整个建构图，也需要照顾到其他重要的人口学特征。

（c）从中选几位被试进行"大声思考"或"出口访谈"。

（d）试测时，认真按照设计好的程序进行，以便让施测人员（如监考人员）熟悉程序，发现并排除施测过程中的任何可能的问题。

（e）将信度、效度检验纳入你的设计中（参见第七和第八章）。参考后面的"测量工具研究报告提纲"，思考如何做好试测。

试测

（a）按照你的设计意图进行测试。

（b）请部分被试进行"大声思考"，并记录他们的反馈意见。

（c）请被试完成"出口问卷"，在问卷中询问他们使用测量工具的感受。

（d）对一部分被试进行"出口访谈"，询问他们对每一个项目的反馈。

试测后的跟踪研究

（a）仔细阅读和思考"大声思考""出口问卷"和"出口访谈"的记录。

（b）与施测人员确认是否存在测验执行程序上的问题。

（c）检查项目反应，寻找异常的反应模式。因为被试人数较少，所以只能看到一些显而易见的有问题的反应模式，如没有人作答的项目或只有一种反应的项目。

附录：测量工具研究报告提纲（供参考）

1. 背景

开发测量工具的动机

背景/文献综述

测量工具可以被使用的情境

2. 设计测量工具

定义要测量的建构（第二章）

设计项目，编制测量工具（第三章）

设计可以用来把被试的反应归类和评分的结果空间（第四章）

3. 试测数据采集

4. 试测结果分析

测量工具的标定（第五章）

项目与被试的拟合（第六章）

信度（第七章）

效度（第八章）

5. 讨论

学到了什么？

你会对测量工具做出哪些修改？

第五章　测量模型

5.0　本章概览和关键概念

罗氏模型

怀特图

项目特征曲线

多元计分的项目反应

测量标准误

被试拟合

本章主要介绍了基于项目反应理论的测量模型。通过测量模型，测量者可以把基于项目设计和结果空间得到的分数再次连接到建构上。在 20 世纪，研究者已经提出并使用了许多测量模型，本书要介绍的便是其中一类。在介绍测量模型前，我们有必要了解一些测量模型发展的历史背景，来帮助我们理解教育测量领域的基本观点和通用术语。在本章的第一节，我们介绍了两种不同的测量方法。这部分阐述不只是简单地介绍历史，而是促进读者在未来的工作中更好地使用建构模型。在文中，我们提到了一些致力于研究测量模型的研究者。当然，还有其他研究者也在从事类似的工作，尽管书中没有提及他们，但他们的贡献也不容忽视。

5.1　两种测量方法与测量模型的结合

假如你问一个没有测量学专业背景或没有使用过测量工具的人这样一个问题："我们测量的能力或态度与被试对这些问题的反应间有何关系？"得到的回答通常有下面两

种：第一种只关注项目本身。以 PF - 10 中的项目为例，回答可能是"如果病人说他在剧烈运动方面'很受限'，那意味着他的身体机能较差"，或者是"如果有人不能步行一个街区，那么他的身体状况明显不佳"。第二种回答则会将反应和项目结合起来。同样以 PF - 10 中的项目为例，回答会是"如果有人对大多数问题的回答都是'很受限'，那么他的身体机能差"，或者"如果一个人在测验中得了高分，那么他的身体健康状况良好"。显然，第二种回答中的分数与我们在学校里对这个概念的理解是一样的。在学校里，老师常常将各个项目分数相加，得到一个总分（或一个百分比，即分数除以总分的结果）。这两种类型的回答反映出两种不同的测量方法。第一种方法关注项目及其与建构的关系，第二种方法关注分数及其与建构的关系。第二种方法可以理解为，项目间需要通过某种方式进行一定程度的聚合，但聚合的方式有时不太清晰，或者只是沿袭传统把所有项目的得分进行加总。总之，上述两种不同的测量方法有不同的历史由来，接下来我们将逐一进行介绍。

第一种方法，即聚焦于项目（item-focused approach）的方法，其发展历史在本书前几章已经提到了一些。如在第 2.2.5 节中我们介绍的比奈和西蒙将项目分成不同的年龄发展水平的开创性工作。格特曼（1944，1950）把这种方法变得更加正式（参见4.3.3 节）。由此可知，聚焦于项目的方法一直是前面三个构建模块背后的推动力。不过，这种方法的发展并没有到格特曼这里就结束。尽管格特曼量尺的项目能够让建构图的左右两侧建立直接联系（如图 4.9 所示），但人们发现，还有大量的反应模式并不符合格特曼量尺的要求，格特曼量尺的使用也因此受到了严重的影响。科夫斯基（Kofsky，1966）在发展心理学领域使用格特曼量尺进行实践，获得了大量的经验。他指出：

> （心理测验）量图（scalogram）模式也许并不是最精确的展示发展水平的图，因为心理测验的基本假设是个体的能力可以是连续的潜变量上的任意一个点，这个点代表了个体已经掌握的和尚未掌握的技能之间的分界线……描述个体成长序列的更好的方法是运用概率来反映当个体已经掌握完成某项任务的技能或正在学习掌握这项技能时，能完成另一项任务的可能性。（pp. 202 -203）。

因此，要成功整合建构图的左右两边，就必须解决反应模式不严格遵照格特曼格式的关键问题。

　　第二种方法，即聚焦于测量工具（instrument-focused）的方法，该方法关注于从整个测量工具中获得分数，其直观基础是简单分数理论（simple score theory）。简单分数理论要求项目间可以在某种程度上进行聚合，但具体的聚合方式要么不清晰，要么就是沿袭传统简单地把所有项目的得分进行加总。简单分数理论更像是一种通俗理论，但无论如何，它对直观解释有着深远的影响。

　　简单分数理论随后逐步发展成一种正式的理论，即经典测验理论（classical test theory；也称真分数理论，true score theory）。在 19 世纪末 20 世纪初，埃奇沃思（Edgeworth，1888，1892）和斯皮尔曼（Spearman，1904，1907）发表的一些论文标志着这种理论方法的确立。这两位研究者发现，有些项目集似乎能比其他项目集产生更多的一致性结果。为了解释这一实证现象，他们借鉴了当时非常盛行的一种统计方法，并提出了"真分数"假设，即我们在某次测量中观察到的分数 X，是由一个"真分数" T 和一个"误差" E 所组成的：

$$X = T + E, \tag{公式 5.1}$$

其中，真分数是被试参与多次测试后得到的平均数（假设被试能被"洗脑"，每次都忘记之前的测试）；误差并不是错误，而是指观察到的分数减去真分数后剩下的部分，在这里可以将它理解为"噪声"。斯皮尔曼后来提出的用信度系数（reliability coefficient）来对这一现象进行解释，本质上就是计算两个平行的测量工具之间的相关性有多高（参见第七章）。经典测验理论中，误差概念的引入是为了对观察到的分数中出现的不一致情况进行量化，这能在一定程度上解决格特曼量尺中存在的问题。此外，在经典测验理论中，观察到的分数也可是常模参照（norm referenced）的结果，即通过为特定群体建立起个体得分与整个群体分数分布之间的关系，然后通过百分位数（percentile）[1] 来表示测量结果，这也是个体之间比较的结果。不过，使用常模参照分数的代价很高：项目的作用在这种模型中是缺失的（见公式 5.1）。因此，如果对经典测验理论方法缺乏进一步的阐述，那么测量者在前三个构建模块上付出的努力可能就白费了。

　　综上所述，这两种方法各有其优点：格特曼量尺侧重于解释通过测量工具取得的结果的意义（即测量的效度）；而经典测验理论对分数进行了统计建模，并关注测量结果的一致性（也就是测量的信度）。在过去很长一段时间里，研究者试图融合这两种方

――――――――――

① 第 p 个百分位数（p 为 0～100 之间的数字）是指 $p\%$ 的被试都低于某一被试的水平。

法。其中，瑟斯顿（Thurstone，1925）就是早期在这方面做出贡献的代表。瑟斯顿在意识到开发一种结合两者优势的测量模型的必要性后，制定一套初步的解决方案（见图 5.1）。在图 5.1 中，曲线表示不同年龄的学生在每个项目上获得成功的累积经验概率。这些曲线的排序正是格特曼孜孜以求的顺序。它显示出了年龄的差异，而不仅仅是分数的差异。年龄与是否答对问题之间的关系呈现出曲线而非直线的形状，呼应了此前我们提到的概率模型，而这也是科夫斯基一直倡导的。但遗憾的是，在很长一段时间里，这种融合方法只是个别的、昙花一现的现象。瑟斯顿（Thurstone，1928）此后还做了更进一步的研究，他提出了测量模型的两个新要求："量表必须超越受测的群体；测量工具的功能不应受测量目标的严重影响。"

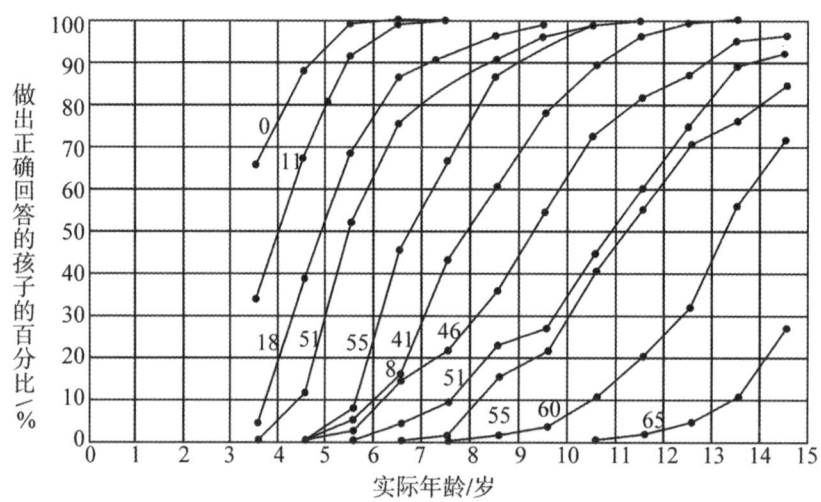

图 5.1 瑟斯顿图：回答正确的学生的比例与实际年龄的关系（改编自 Thurstone，1925）

本书介绍的建构模型方法实际上也是在试图融合这两种由来已久的测量方法。建构模型的方法从统计学和哲学意义上来讲，是在罗氏（Rasch，1960）的工作基础上建立的。罗氏最早指出了以他的名字命名的罗氏模型（Rasch model）（下一节将详细阐述）的重要特点，之后怀特（Wright，1968，1977）和费希尔（见 Fischer & Molenaar，1995，对费希尔的贡献全面总结）进一步发展了该模型。在项目反应理论方面，其他的研究者，如罗德（Lord，1952，1980）、伯恩鲍姆（Birnbaum，1968）、博克和琼斯（Bock & Jones，1968）以及塞姆吉玛（Samejima，1969）等也进行了一系列的类似研究。由于本书的重点是了解测量模型的目的和机制，因此我们选择建构模型为切入点。需要注意的是，本书只是入门课程，测量者并不能通过本书学到所有东西，想要有更进一步的发展还需要深入学习更多的内容（见第九章）。

5.2　建构图与罗氏模型

测量模型的目标是连接分数与建构图。因此，本节主要讨论罗氏模型在理解建构方面所发挥的重要作用。首先，我们会介绍如何将建构图与罗氏模型结合，接着解释怀特图（Wright map）的产生，进而讨论罗氏模型和怀特图的优势。

5.2.1　怀特图

罗氏模型不同于真分数理论。首先，罗氏模型以项目和测量工具为分析单位，而不像真分数理论那样仅以测量工具为分析单位。其次，罗氏模型是对反应出现的概率进行建模，而真分数理论只对反应进行建模（如公式 5.1，实际得分 X 可以分解为真分数 T 和误差 E）。在罗氏模型中，这种关系被表述为：被试在第 i 题上做出反应 X_i 的概率是由被试位置参数 θ 和项目参数 δ_i 组成的函数。在学业成绩测验和能力测验中，被试位置（respondent location）通常是指被试的能力（ability），项目位置（item location）是指项目的难度（difficulty）。在态度测验中，这些术语似乎并不准确，因此有时会使用诸如"对事物的态度（attitude towards something）"或项目"标定值（item scale value）"等术语。在这里需要提醒读者的是，为了在应用领域保持中立，本书会使用被试位置和项目位置这样的术语，这么做对我们理解这些参数在建构图中的意义也有一定的帮助。

更具体地说，假设某个项目是二元计分的，即被试会得 0 分或 1 分（如对/错，同意/不同意，等等），那么 $X_i = 0$ 或 1。罗氏模型的逻辑是，被试在该建构上具有一定的水平（能力），用 θ 来表示；同时项目也在该建构上具有一定的水平（难度），用 δ_i 表示。被试在建构上的水平和项目在建构上的水平，两者发挥作用的方向是相反的，因此实际发挥作用的是两者之间的差。我们可以考虑以下三种情况：

（a）当被试与项目在建构上的水平相同时，被试得分为 1 的概率是 0.5（因此得分为 1 和得分为 0 的概率是相同的，都是 0.5。见图 5.2（a）列）；

（b）当被试在建构上的水平大于项目时（即 $\theta > \delta_i$），则被试得分为 1 的概率大于 0.5（见图 5.2（b）列）；

（c）最后，当项目在建构上的水平大于被试时（即 $\theta<\delta_i$）），则被试得分为 1 的概率小于 0.5（见图 5.2（c）列）。

在学业成就测验中，我们可以说被试的能力等于、大于或小于项目的难度。在态度测量中，我们会说被试的态度和项目的陈述一样积极，被试的态度比项目的陈述更积极，或者被试的态度比项目的陈述更消极。类似的表达在其他情境中也适用。

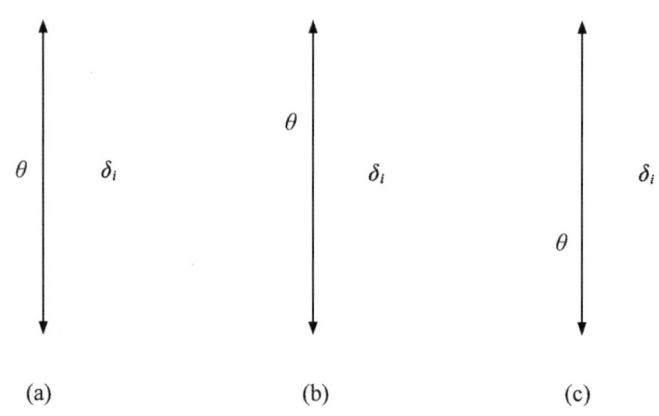

图 5.2　被试位置和项目位置之间的三种关系

需要指出的是，上述三种情况（a）$\theta=\delta_i$，（b）$\theta>\delta_i$ 和（c）$\theta<\delta_i$ 分别对应（a）$\theta-\delta_i=0$，（b）$\theta-\delta_i>0$，以及（c）$\theta-\delta_i<0$。这样就可以把被试位置和项目位置之间的关系看成线上的点，它们之间的差对结果起着决定性的作用。下一步要做的便是解释被试位置与项目位置之差的大小是如何决定概率的。将被试位置与项目位置放到函数中，被试的反应为 $X_i=1$ 的概率为：

$$P(X_i=1 \mid \theta,\ \delta_i) = f(\theta-\delta_i),\qquad\text{（公式 5.2）}$$

其中，f 是一个函数，我们将在下面进行详细解释。公式左边包括 θ 和 δ_i，两者共同决定了概率。

我们可以通过画图来直观地描述位置与概率之间的关系。如图 5.3 所示：纵坐标表示被试的位置 θ，横坐标表示反应为"1"的概率。为了方便读者理解，我们假设项目的位置为 1，即 $\delta_i=1.0$。当 $\theta=1.0$ 时，被试与项目的位置相同，此时反应为"1"的概率等于 0.5（图中用虚线标出）。当被试的位置高于 1.0 时（即 $\theta>1.0$ 时），概率大于 0.5，并随着被试位置的升高而不断增大；当被试的位置低于 1.0 时（即 $\theta<1.0$

时），概率小于 0.5，并随着被试位置的降低而不断减小。在极端情况下，这种关系就逼近概率的极限：当被试的位置远高于 1.0 时（即 $\theta \gg 1.0$），概率值近似 1.0；当被试位置远低于 1.0 时（即 $\theta \ll 1.0$），概率值近似 0.0。我们假设，概率永远达不到极限。也就是说，当被试位置在"正无穷大"时，曲线无限接近于 1.0；被试位置为"负无穷大"时，曲线无限接近于 0.0。这种情况在学业成就测验中可以理解为：无论被试能力有多高，我们无法百分百地肯定被试能做对项目；同理，在态度问卷中，无论被试的态度多积极，我们无法百分百地肯定被试与项目陈述的态度完全一致（反过来，也可做类似的推断）。

　　我们通常把图 5.3 所示关系称为项目反应函数（item-response function，IRF）[1]，它描绘了被试如何在某一个项目上做出反应。对项目反应理论有一定了解的人可能更熟悉图 5.3 翻转后的形状，即被试的位置在横坐标上（见图 5.4）。图 5.3 使用的方向不是很常见，但本书为了和建构图的方向保持一致，我们在这里采用了这种作图方式。

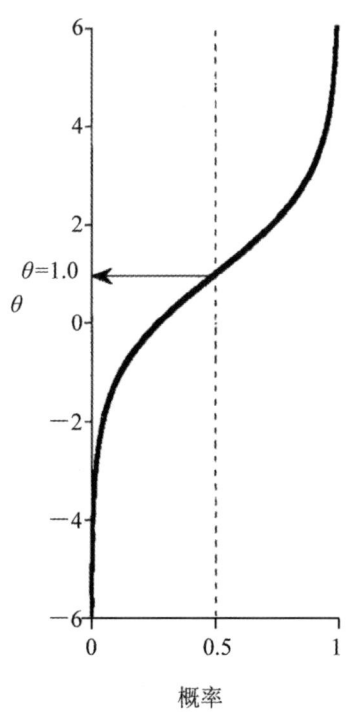

图 5.3　当项目难度为 1.0 时，被试位置（θ）与反应为"1"的概率间的关系

---

　　[1]　有时也可以称为"项目特征曲线（item characteristic curve）"或"项目反应曲线（item response curve）"。

罗氏模型的完整公式为：

$$P(X_i = 1 \mid \theta,\ \delta_i) = \frac{e^{\theta - \delta_i}}{1 + e^{\theta - \delta_i}}$$ （公式 5.3）

公式右边看起来有些复杂，但本质上它与公式 5.2 一样，就是 $\theta - \delta_i$ 的函数。从概念上来讲，它是一个相当简单的模型，非常适合作为研究测量模型的第一步。测量者只需要记住，在这个模型中，成功的概率被视为被试参数与项目参数之差（即人的位置与项目的位置之间的差）的函数。在建构图上这种解释尤其直观——被试的位置和项目难度之间的差将影响被试反应的概率。具体来说，如果被试的能力大于项目难度（差为正数），被试答对的可能性就会超过 50%；如果被试的能力小于项目难度（差为负数），那么答对的可能性就低于 50%。

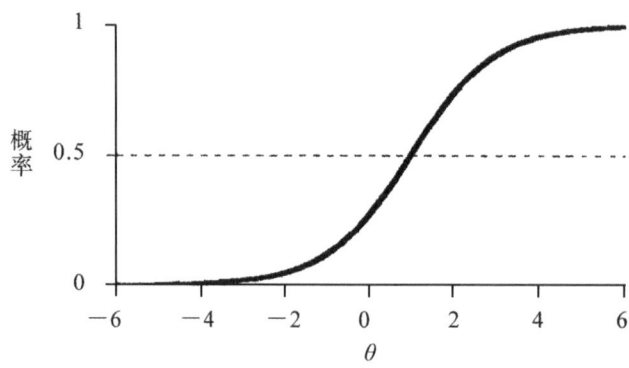

图 5.4　图 5.3 翻转后的形状（被试位置在横坐标上）

公式 5.3 以及被试和项目间的"距离"的概念使得我们能够将前面章节中使用的建构图与本章中的公式联系起来。我们可以把测量工具中所有项目的项目反应函数都呈现在一张图上，来帮助大家更好地理解被试与项目的位置之间的关系。例如，图 5.5 就是在图 5.3 的基础上增加了两个项目，在图 5.5 中我们可以找到被试位置如何与三个项目的位置相关联的全部信息。不过，一旦测量工具过长，或者哪怕只有 10 个或 20 个项目时，堆满项目反应函数的图就会变得混乱而难以看清。因此，如何在建构图上表示所有项目的位置就成了一个现实的问题。

一种解决方案是在建构图上只显示项目位置的核心点。例如针对图 5.5 中的三个项目，在建构图上只显示被试对这些项目反应为"1"的概率为 0.5 的点（即图

5.5中用虚线标示出的点）。图 5.6 就是这样处理后产生的：位置在 1.0 洛基（logit）[①] 的被试，在项目 i 上反应为 "1" 的概率为 0.5，项目 i 就被表示为右边 "项目反应" 栏中 "$i.1$" 的位置（在 1.0 洛基处）。图的左边 "被试" 栏里，符号 "X" 表示在该位置上的被试（图 5.6 中，每个 "X" 代表一个被试）；低于 "$i.1$" 那一点的被试（例如，任何低于那一点的 "X"），在项目 i 上反应为 "1" 的概率小于 0.5；而高于那一点的被试，在项目 i 上反应为 "1" 的概率大于 0.5。同理，"$h.1$" 和 "$j.1$" 这两个项目的位置分别是 2.2 和 0.0，这两个项目也可以同样的方式进行解释。通过这种方法，建构图的理念与罗氏模型可以有效结合起来了，测量者可以很方便地运用这种新的图形对测量结果进行解释。这个图形是芝加哥大学的本杰明·D. 怀特（Benjamin D. Wright）发明的，为表示对他的敬意，本书将这种图称为 "怀特图"。

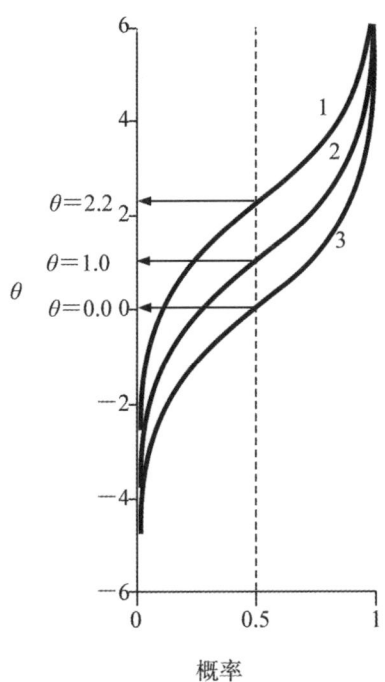

图 5.5 三个项目的项目反应函数

---

① 洛基是建构中使用的单位（详见后文）。

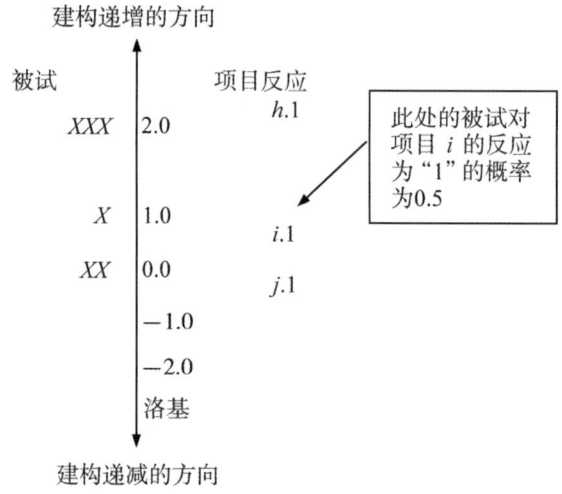

图 5.6　通用的怀特图（注："X"＝1 个被试）

　　我们还需要对图 5.6 中的一些细节做进一步的解释。图中的中心线以洛基为单位，它确定了建构和反应概率间的关系（下一段将描述其计算方式）。图的左边为"被试"栏，表示的是被试的位置，每个"X"表示一个被试——这就好比转了 90°的直方图（当被试数量很大时，也可以用一个"X"表示多个被试）。除此之外，还可以用不同的符号来区分不同的被试群体，同时也可以在图中增加平均数和标准差这样的信息。中心线右边标注了建构的单位，即"洛基"单位（一般而言，被试和项目的位置不会恰好是整数个洛基，在图 5.6 的例子中，我们为了方便后面的计算而假设它们是整数）。图的右边是"项目反应"栏，表示的是项目的位置。需要注意的是，除用这种方式表示项目外，还可以有其他的形式。例如，如果后缀".1"代表被试的反应为 1，那么这一后缀完全可以被替换成诸如项目的名称等其他更有意义的内容。本章及后面的章节会继续列举一些使用不同表达形式的例子。

　　理解了公式 5.3 后，洛基和反应概率之间的关系就清楚了。假设被试的位置为图 5.3 或图 5.6 上的 1.0 洛基处，那么被试在项目 i 上反应为"1"的概率即为 0.5（如前所述，被试与项目在同一位置上，因此反应为"1"的概率为 0.5）。为检验这一结果，我们可以将被试的 θ 和 δ_i 的具体值代入公式 5.3 中，得到：

$$P(X_i = 1 \mid 1.0,\ 1.0)$$

$$= \frac{e^{1.0-1.0}}{1+e^{1.0-1.0}}$$

$$= \frac{e^{0.0}}{1+e^{0.0}} \qquad\qquad （公式 5.4）$$

$$= \frac{1}{1+1} = 0.50$$

将这一结果与图 5.5 进行比较，项目反应函数与 $\theta=1.0$ 的水平线相交处就是处于 1.0 洛基处的被试做出反应为"1"的概率（即 0.5）。

同理，对处于 2.0 洛基处的被试来说，该被试的位置高于项目 i 的位置，因此他在项目 i 上反应为"1"的概率大于 0.5。准确地说，这一概率为：

$$P(X_i = 1 \mid 2.0,\ 1.0)$$

$$= \frac{e^{2.0-1.0}}{1+e^{2.0-1.0}}$$

$$= \frac{e^{1.0}}{1+e^{1.0}}$$

$$\approx \frac{2.718}{1+2.718} \approx 0.73^{①}$$

同样，将这一结果与图 5.5 进行比较，项目反应函数与 $\theta=2.0$ 的水平线相交处就是处于 2.0 洛基处的被试做出反应为"1"的概率。

类似的，我们再看处于 0.0 洛基处的被试，其位置低于项目的位置，因此在项目 i 上反应为"1"的概率小于 0.5。确切地说，这一概率为 $e^{-1.0} / (1+e^{-1.0}) \approx 0.27$。以此类推，洛基为 0.0 的被试在项目 h 和项目 k 上反应为"1"的概率分别是 0.10 和 0.50（这两题的项目位置分别是 2.2 洛基和 0.0 洛基）。将这一结果再次与图 5.5 进行比较，注意观察项目反应函数与 $\theta=0.0$ 的水平线的相交处。由此可见，怀特图上的（垂直）距离与概率有关。事实证明，这个特征对测量者是极为有用的。我们将在下面几节及后面两章对这一结论进行更深入的讨论。

通过表 5.1，我们可以大体了解洛基和概率间的关系，表中的概率值是根据公式 5.3 计算得到的。要使用表中的结果，首先要计算被试位置与项目位置间的洛基差，然

---

① e 约等于 2.718，精确到小数点后两位。

后对照表右边的列，查找对应的概率。如果读者觉得查找表中的值不是很方便，也可以按照公式 5.3，用计算器算出概率值。

表 5.1　罗氏模型的洛基差与概率

$\theta-\delta$ 洛基差	概率
−1.0	0.02
−3.0	0.05
−2.0	0.12
−1.0	0.27
0.0	0.50
1.0	0.73
2.0	0.88
3.0	0.95
4.0	0.98

5.2.2　反应向量建模

在上一节，我们介绍了运用罗氏模型计算被试在某项目上反应为"1"的概率。本节我们将进一步阐述如何计算被试在整个测量工具上的反应的概率。被试在整个测量工具上的反应一般被称为反应向量（response vector）。在二元计分的情境下，被试可能的反应包括"0"和"1"，用反应向量可以更好地进行表示。正因为被试的反应 X_i 是二元的，因此不难理解对每一个项目来说，X_i 等于 0 和 X_i 等于 1 的概率之和必然是 1。基于此，公式 5.3 就可以表达为：

$$P(X_i = 0 \mid \theta,\ \delta_i) = 1 - \frac{e^{\theta-\delta_i}}{1 + e^{\theta-\delta_i}} \qquad\qquad (公式 5.5)$$

理解了这些之后，我们就可以解释罗氏模型在整个测量工具上发挥作用的方式了。

在计算反应向量的概率时，罗氏模型（以及其他项目反应模型）假设如果已知被试位置和项目参数，那么每个项目的信息都只影响被试在该项目上的反应概率，即各个项目在统计上是独立的。我们只需要计算所有项目的反应概率的乘积就可以得到被试在整个测量工具上的反应概率。这个假设称为条件独立性（conditional independence）假设。

和其他许多概念一样，我们需要结合具体的情境来更好地理解这个概念。例如，某些项目使用了一个共同的题干，条件独立性假设就可能不被满足了。这种情况在阅读理解一类的测验中比较常见，通常阅读一篇文章后，会有多个阅读理解的项目。但如果所有的项目共用同一个材料，这样的问题就不会出现了。

我们再举一个条件独立性假设成立的例子。假设上一节中用到的三个项目是一个测量工具，被试在这三个项目上的反应向量是（1，1，0），被试的位置是 $\theta=0.0$。那么，在条件独立的假设下，被试出现这个反应向量的概率就是这三个项目的概率乘积：

$$P(X=(1, 1, 0)|\theta, \delta_1, \delta_2, \delta_3)=P(X_1=1|\theta, \delta_1) \cdot P(X_2=1|\theta, \delta_2) \cdot P(X_3=0|\theta, \delta_3)$$

分别代入公式 5.3 和公式 5.5，得到：

$$\frac{e^{\theta-\delta_1}}{1+e^{\theta-\delta_1}} \cdot \frac{e^{\theta-\delta_2}}{1+e^{\theta-\delta_2}} \cdot \frac{1}{1+e^{\theta-\delta_3}}$$

$$=\frac{e^{0-2.2}}{1+e^{0-2.2}} \cdot \frac{e^{0-1.0}}{1+e^{0-1.0}} \cdot \frac{1}{1+e^{0-0.0}}$$

$$=\frac{e^{-2.2}}{1+e^{-2.2}} \cdot \frac{e^{-1.0}}{1+e^{-1.0}} \cdot \frac{1}{1+e^{0.0}}$$

$$=0.10 \times 0.90 \times 0.50$$

$$=0.045$$

这种情况被称作条件独立，是因为只有知道了准确的 θ 和 δ_i 值后，才能计算所有的先验概率。所谓的"条件"，就是指需要已知相关参数的值（本例中是 θ 和 δ_i 的值）。在这个条件被满足时，要计算整个反应向量的概率，只需要把被试在每个项目上的反应概率乘起来即可。

接下来，我们很自然会问，被试和项目的位置参数从何而来？前面基于罗氏模型给出的公式并不能让我们直接得到 θ_s 和 δ_s 的值。因此，需要使用一些统计估算方法来进行计算。本书运用到的统计软件称为"GradeMap"（Wilson，Kennedy & Draney，2004）。选择这一软件的原因是，它能够完成后面几章所需的所有统计计算。具体的统计估计方法不是本书要探讨的问题，感兴趣的读者可以查阅 5.1 节结尾所列的参考资料。此外，费希尔和莫勒那（Fischer & Molenaar，1995）的文章对理解罗氏模型也很有用。

5.2.3　案例：PF - 10

我们在第二章已经介绍了 PF - 10。这个量表的所有项目都有三个选项。我们也可以把三个选项转换成两个选项，即将第一、第二个选项合并，并保留第三个选项。通过这样的处理，数据就变成二元计分了。具体来说，这样转换后，反应为"很受限"和"有点受限"被编码为"0"，"一点也不受限"被编码为"1"。麦克霍尼等已经采集了大量病人在 PF - 10 上的反应数据（McHorney，Ware，Lu & Sherbourne，1994）。我们按照本章前面介绍的方法对数据进行了处理，然后基于这些数据画出了怀特图（见图 5.7）。需要注意的是，PF - 10 中的所有项目已在表 5.2 列出，表中还包括图 5.7 上使用的缩写和项目的文本。

将图 5.7 的怀特图与图 2.3 中的建构图进行比较，我们可以看出两者之间存在许多不同。首先，该图不再是建构的概念性的草图，而是基于被试自我报告的实证数据图。图的左边是被试的水平的直方图。该直方图的不同之处在于每个"柱子"的间距是不均匀的。这是因为柱子的位置代表的是被试的估计位置[①]，而被试的估计位置是在连续变量上的任意位置。尽管每一根柱子对应一个特定的分数，但在估计时，柱子可能会位于连续变量上的任何一个点上，而不像原始分那样是整数值。最左边那列的下方标有"洛基"字样，是连续变量的单位。顶端的"X"表示的是行为"毫不受限"的被试，底部的"X"表示的是行为"受到极大限制"的被试。每个位置（即直方图的每根柱子）对应一个原始分，原始分的范围在 0~9 分之间（由于没有被试得 10 分，所以图中未显示 10）。[②] 附录 2 中的表格列出了被试位置和项目位置的精确值。

图 5.7 的右边是标定的项目位置，也就是公式 5.3 和公式 5.5 中的 δ_i。举例来说，得 6 分的被试与项目"Bend"几乎在图中同一高度上，这意味着这些被试在该题上做出"毫不受限"的反应的概率约为 0.50[③]。项目"SevStair"高出"Bend"约 1 个洛基，得 6 分的被试在该项目上做出"毫不受限"的反应的概率约为 0.27。项目"Walk-

---

① 估计被试位置的方法是极大似然（maximum likelihood estimation，MLE）。

② 一般的 MLE 算法对原始分为 0 分和满分的被试无法计算有效的洛基估计值，但 GradeMap 程序（Wilson，Kennedy & Draney，2004）通过常用的校正法能为这样的被试提供估计值（Wu，Adams & Wilson，1998）。

③ 由于我们用图来解读对数差，因此这些概率均为近似值。要得到更精确的概率值，请根据附录 2 进行计算。

Blks"低于"Bend"约 1 个洛基，得 6 分的被试在该项目上做出"毫不受限"的反应的概率更高，约为 0.73。读者可以使用表 5.1 提供的概率，试着将图 5.7 中隐含的洛基差转化为被试做出"毫不受限"的反应的预期概率。我们也可以根据公式 5.3，利用计算器轻松算出更精确的结果。

表 5.2　"PF-10"中的项目

项目编号	项目标签	项目
1	VigAct	剧烈运动，例如跑、提重物或者参加激烈的体育运动
2	ModAct	适度的运动，例如移动桌子、推吸尘器、打保龄球或者打高尔夫球
3	Lift	提或搬运杂物
4	SevStair	爬几层楼梯
5	OneStair	爬一层楼梯
6	Bend	俯身、跪或弯腰
7	WalkMile	走 1600 米以上的路
8	WalkBlks	走过几个街区
9	WalkOne	走过一个街区
10	Bath	自己洗澡或穿衣

我们也可以通过对比项目的相对位置，来评估怀特图反映建构图的程度。比较图 5.7 右边的项目和建构图（图 2.3），我们不难发现进行"剧烈运动"（VigAct）的确是最困难的，而像"自己洗澡或穿衣"（Bath）和"走过一个街区"（WalkOne）这样容易的活动则位于怀特图的底端。但由于建构图的定义并不精确，因此进行更为细致的对比比较困难。对怀特图和建构图的对比分析是建构效度验证的一种变体，本书第八章会用一个排序更精确的建构图作为例子，对此进行更详细的分析。

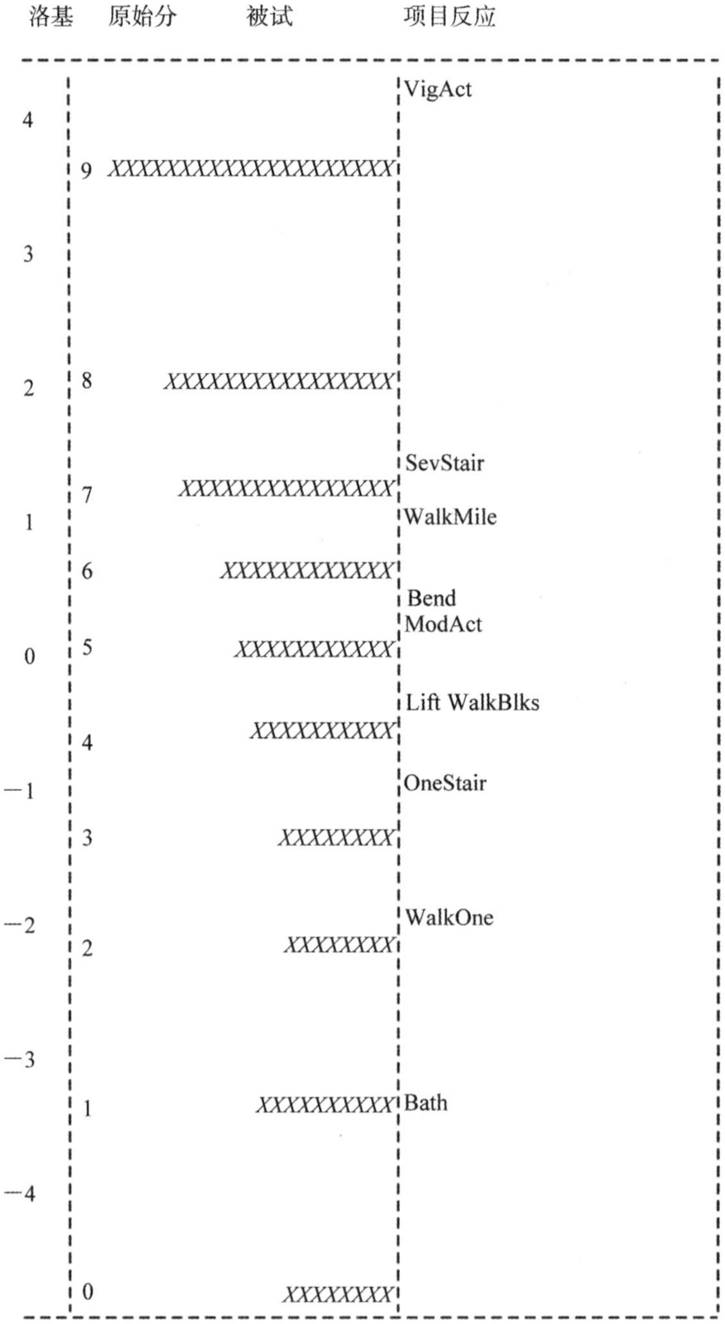

洛基	原始分	被试	项目反应

```
 4                                              VigAct

       9  XXXXXXXXXXXXXXXXXXX

 3


 2     8     XXXXXXXXXXXXXXX

                                                SevStair
       7       XXXXXXXXXXXXX
 1                                              WalkMile
       6          XXXXXXXXXXX
                                                Bend
                                                ModAct
 0     5             XXXXXXXXXX
                                                Lift WalkBlks
       4              XXXXXXXXXX
-1                                              OneStair
       3                XXXXXXXX
-2                                              WalkOne
       2                XXXXXXXX
-3
       1             XXXXXXXXXXBath
-4
       0                XXXXXXXX
```

每个 X 约代表18个被试，每行为0.20个洛基

图 5.7　二元计分的 "PF - 10" 的怀特图

5.3 多元计分的项目

前面的讨论都是以二元计分的项目（即项目的反应只有两个类别，通常编码为"0"和"1"）为例。但现实中很多项目的计分包含多个类别，这种项目被称为多元计分（polytomous）项目。上面章节里介绍的用于处理二元计分项目的测量模型并不适用于这种情况。不过，把二元计分的测量模型拓展到处理多元计分的方法并不复杂。首先，我们把公式 5.3 用一种更简单的方式表述出来。将公式 5.3 除以公式 5.5，就可以得到一种简单的代数表达式：$e^{\theta-\delta_i}$。然后取其对数，得到：

$$\ln\frac{P(X_i=1)}{P(X_i=0)}=\theta-\delta_i \qquad\text{（公式 5.6）}$$

公式 5.6 的左边给出了反应为"1"对比反应为"0"的对数优势比（log-odds）。所谓优势比（odds），就是指事件发生的次数与未发生的次数之比。对数优势比通常被称为洛基。因此，公式 5.6 也可以写成：

$$\ln(1:0)=\theta-\delta_i \qquad\text{（公式 5.7）}$$

这种表达形式强调在罗氏模型中被试位置与项目位置之间的简单关系，即我们可以把这种关系简单地概括为"对数优势比与被试位置和项目位置呈线性关系"。

公式 5.7 的这种表达方式为我们把二元计分模型扩展到多元计分提供了可行性。假设某个项目有五个分数级别，即 0、1、2、3 和 4。0 分和 1 分之间的洛基关系就可以表述为：

$$\ln(1:0)=\theta-\delta_{i1} \qquad\text{（公式 5.8）}$$

其中，公式 5.7 中的项目位置 δ_i 在公式 5.8 中变成 δ_{i1}。同样的，1 分和 2 分之间的洛基关系就可以表述为：

$$\ln(2:1)=\theta-\delta_{i2} \qquad\text{（公式 5.9）}$$

2 分和 3 分、3 分和 4 分这两对分数的关系也同样可以用这种方式表述：

$$\ln(3:2)=\theta-\delta_{i3} \qquad\text{（公式 5.10）}$$

$$\ln(4:3)=\theta-\delta_{i4} \qquad\text{（公式 5.11）}$$

上述四个公式就可以将罗氏模型推广到多元计分的数据中。参数 δ_{ik} 被称为"步骤参数（step parameters）"，它和二元计分模型中的难度参数 δ_i 一样，决定着被试完成从 "$k-1$" 分进到 "k" 分的 "步骤" 的概率（Wright & Masters，1981）。我们用公式 5.11 来举例，这个公式表达的是被试的得分是 3 分或 4 分，而得 4 分的相对概率则是 $\theta-\delta_{i4}$ 的函数。也就是说，这个函数反映的是被试位置与步骤参数位置之差。任何数量有限的、有序的类别都可使用类似的方式来表述。需要注意的是，公式的数量比项目分数的类别数少一个（这是因为每个公式都涉及两个分数类别 $k-1$ 与 k 之间的比较，两两比较的次数比类别的数量少一个）。如果读者想对步骤参数有深入的了解，可以参阅怀特和马斯特（Wright & Masters，1981）的文章。

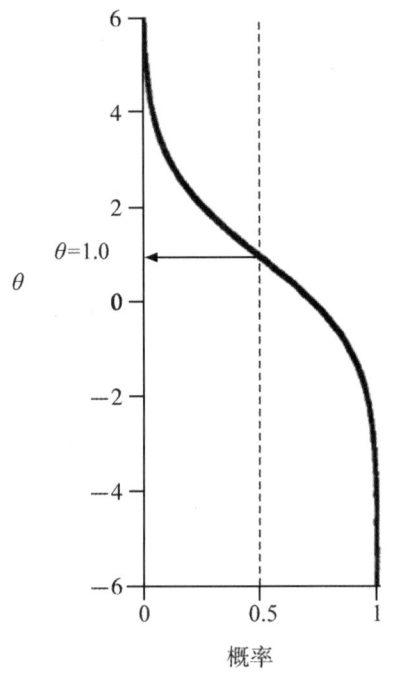

图 5.8　难度为 1.0 的项目的 $X_i=0$ 的项目反应函数

多元计分的情况也可以用图形表达出来。表示每一个分数类别概率的函数，通常被称为类别反应函数（category response functions）。我们可以从二元计分中 $X_i=0$ 的项目反应函数着手。按照定义，$X_i=0$ 的概率应等于 1 减去图 5.3 中的概率，结果如图 5.8 所示。在图 5.8 中，$X_i=1$ 的概率只是曲线右边到 1.0 处的距离。其他分数类别的类别反应函数也是如此类推，概率就被分成多个部分。把图 5.8 拓展到多元计分（五个类别）的项目，就得出图 5.9。需要指出的是，图 5.9 中的类别反应函数是累积概率

（cumulative probability）的形式，即图中的曲线表示的是各分数类别的累积概率：第一条曲线代表的是得0分的类别反应函数，其次是得0分和1分的类别反应函数，接着是得0、1、2分等的类别反应函数，如此类推。注意，当被试位置在量尺下端的部分时，除0分外，其他所有反应类别的概率都很小。当被试在量尺上的位置越来越高时，得0、1、2分的概率都是先递增然后递减；得4分的概率则持续递增，并在接近量尺的最高处时，概率接近1.0。图中的第一条曲线是得0分的概率，该曲线的形状与图5.8中的曲线相似。

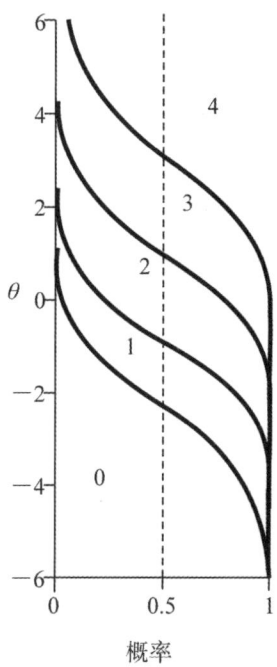

图5.9 多元计分项目的累积类别反应函数

在怀特图上表示多元计分项目时，我们选取的关键点是累积类别反应函数与概率=0.5的直线相交的这些点（如图5.9所示）。这些点也被称为瑟斯顿阈值（Thurstone thresholds）。第k个瑟斯顿阈值可以解释为，在这个点上低于k分的概率等于得k或k分以上的概率（均为0.5）。例如，在图5.9上，位置最低的相交点，意味着从这个点往上，被试得1分、2分、3分或4分加起来的可能性会比得0分的可能性更大；往上一个相交点，意味着从这个点往上，被试得2分、3分或4分加起来的可能性会比得0分或1分加起来的可能性更大；再往上一个相交点，意味着从这个点往上，被试得 3 分或 4 分加起来的可能性会比得 1 分或 2 分加起来的可能性更大；最高相交点，意味着从这个点往上，被试得 4 分的可能性比得其他分数加起来的可能性更大。注意，除了二元计分情况外，瑟斯顿阈值通常并不是公式 5.8 到公式 5.1 中的项目参数 δ_{i1},... δ_{i4}。有人对此会感到困惑。我们选择用这种方式来表示类别反应函数，是为了避免对参数进行更复杂的解释。此外，还需要注意的是表 5.1 中给出的概率不适用于瑟斯顿阈值（因为图 5.9 的曲线没有与图 5.3 一样的数学形式）。瑟斯顿阈值的相对位置在解释结果时比较直观有效（见下一节的例子）。

5.3.1　继续以 PF‑10 为例

PF‑10 中的数据既可以用二元计分的形式进行分析，也可以用其最初的三元计分的形式进行分析。采用三元计分形式分析得到的怀特图如图 5.10 所示。图 5.10 与图 5.7 的总体布局相同，图的左半边都是被试能力分布的直方图，不过图 5.10 右半边看起来要更为复杂一些。这是因为项目设计发生了变化，采用三元计分后，每对有序的相邻反应类别间均有一个瑟斯顿阈值，因此每个项目都有两个瑟斯顿阈值。每个项目的第一个阈值决定了从"很受限"（得 0 分）到"有点受限"或"一点也不受限"（分别得 1 和 2 分）的转变，这一信息显示在右边的第一列（"0 vs 1 & 2"）。第二个阈值决定了从"很受限"或"有点受限"（得 0 分或 1 分）到"一点也不受限"（得 2 分）的转变，这一信息显示在右边的第二列（"0 & 1 vs 2"）。

仔细看的话，我们会发现图 5.7 和图 5.10 之间还有很多其他的区别。从左往右看，我们可以发现图 5.10 中被试分布的直方图上有更多的"柱子"，这是因为多元计分后量表产生了更多的分数类别（在图 5.7 中，很多分数类别被合并了）。此外，被试分布的直方图的形状也有些不同，底部更长更低。右边的两列项目反应的位置也不同，每个项目的第一个阈值的位置比第二个阈值的位置要低，这当然是合情合理的。每列中，项目的排序也不同，项目第一个的阈值顺序（0 vs 1 & 2）与图 5.7 不同，第二个阈值的顺序（0 & 1 vs 2）则与图 5.7 相同。两个阈值的顺序不一致并不是项目本身的问题，这是实证的结果。测量者可能需要尝试着去解释为何存在这种不同，有时也可以简单地接受被试对这些特定项目的反应的复杂性。不过，如果阈值的顺序（任何一步的阈值）与建构图的预测相差特别大，那就变成了效度问题，这时测量者应该进行进一步的研究（见第八章）。

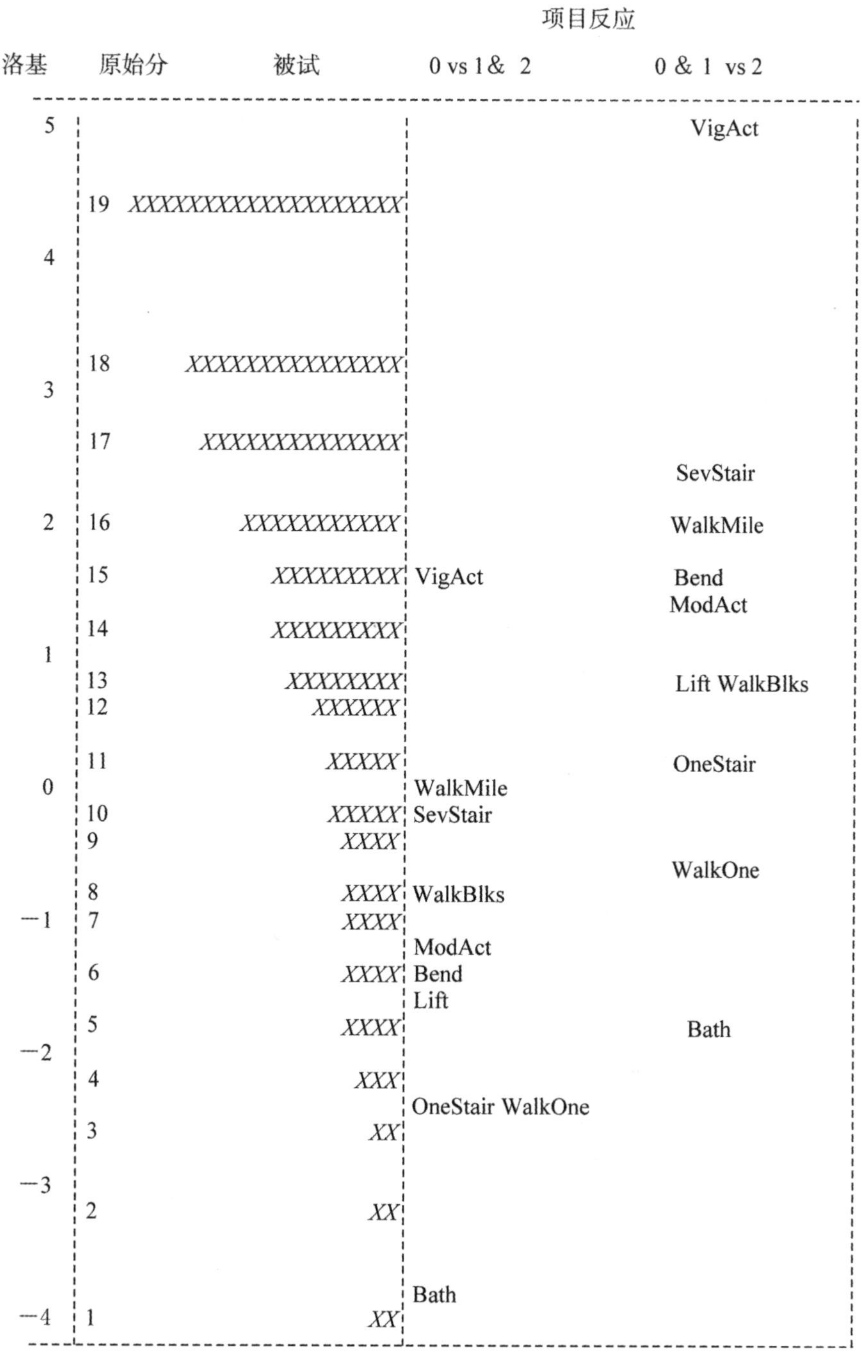

项目反应

洛基	原始分	被试	0 vs 1 & 2	0 & 1 vs 2

每个 X 约代表17名被试，每行表示0.2洛基

图 5.10 三元计分的 "PF - 10" 怀特图

如图 5.7 那样，我们也可以用怀特图和表 5.1 来估计项目和被试之间的定性关系和大致的概率关系。例如，在图 5.10 中我们可以看到，得分最低的被试有 50％左右的概率对"Bath"做出"一点也不受限"的反应，但对"SevStair"做出相同反应的概率却低很多（约 2％），对"VigAct"做出相同反应的概率就更低了。再看图的最上面部分，得分最高的被试对"VigAct"做出超出"很受限"的反应的概率接近 95％，但对该项目做出"一点也不受限"的反应的概率小于 50％。从项目阈值的关系我们可以看出，对"VigAct"做出超出"很受限"的反应与对"Bend"做出"一点也不受限"的反应大致在相同的水平。

5.4　经典测验理论与项目反应理论

经典测验理论以真分数为理论框架（$X=T+E$，即观察到的分数是真实分数和误差之和），在过去很长一段时间中被广泛应用。经典测验理论的优势在于简单明了，浅显易懂；但也有着严重的缺憾。首先，在经典测验理论模型下，项目难度、区分度、考试信度等指标都是样本依赖（sample dependent）的，即这些指标的具体数值会由于样本不同而发生变化。比如，当样本整体水平较低时，项目难度的估值就会较高。其次，在经典测验理论模型下，所有被试的测量误差都是一样大的。而实际上，在一般考试中，能力最高和最低的考生的测量误差往往会比能力处于中间水平的考生大。再者，使用经典测验理论模型时，我们无法比较内容不同但功能相同的考试的结果。例如在高考改革试点中，有的地区一年进行两次英语考试，两次考试的成绩即使分值一样，内涵也很可能不同，我们无法进行有意义的直接比较。

为了克服这些不足之处，研究者发展出了以项目反应理论为框架的当代测验理论。使用项目反应模型时，项目难度、区分度、考试信度等参数的估算可以不受样本的影响；对于不同的被试，测量误差估值也不同，因此也更精准（在第七章中我们会有更详细的介绍）；不同试题但相同功能的测试，可以通过共同样本或锚题（即相同的试题）等方式进行等值（equating）链接[①]，从而使得这些考试的结果具有可比性。项目反应模型已经被应用到越来越多的大型标准化考试中。

----

① Kolen M J，Brennan R L. Test Equating，Scaling，and Linking [M]. Springer New York，2004.

罗氏模型是项目反应模型中参数最少、形式最简单的模型。在罗氏模型的基础上，研究者又发展出了针对多元计分的分步计分模型、评定量尺模型、多维模型等。由 OECD 组织的 PISA 考试就采用了以罗氏模型为基础的多维模型进行大量的数据分析。

目前已经有许多软件可以进行项目反应模型下的数据分析。罗氏模型及其衍生模型多使用 ConQuest，其他常用的软件包括 Bilog，Multilog，R（IRT 软件包）等。

5.5　其他参考资料

我们在本章向读者推荐了一些测量专业的著作。这些书对各种测量模型有更为详细和专业的解释。想深入了解测量模型的读者可以去阅读这些书。在这里特别要推荐两本与本书观点类似且可读性强的著作，作者分别为怀特和斯通（Wright ＆ Stone，1979）、怀特和马斯特（Wright ＆ Masters，1981）。鉴于本书的主要意图并不在于介绍测量中的统计模型，因此我们没有对测量模型进行非常全面的阐述，而是尽量提供直观易懂的解释。想要进一步了解相关内容，读者可以参阅第九章中推荐的书目。

5.6　课后练习

（接第一章到第四章的课后练习）。

1. 读一本本章提到的经典论著，然后概述你从中理解的与本章相关的内容（或其他你认为有意义的观点）。

2. 请用计算器检查 5.2.1 节中计算的概率是否准确。

3. 使用图 5.7 中的怀特图，选出一个被试位置，然后分别计算这个位置的被试对五个项目做出反应为"1"的大致的概率值。

4. 将胡安·桑切（Juan Sanche）的案例中的数据输入 Excel 数据表中。该数据在案例档案中，文件名为 data. dbf（如果你有自己的数据，可以把它作为第二个练习）。

5. 检查你能否对数据进行基本操作，如修改数值、计算频数、计算项目之间的相关系数等。

6. 将 Excel 数据表中的数据用 ASCII 或文本文件的格式输出。

7. 找到本书附带的 CD 里的《GradeMap 用户指南》，跟着指南中的例子操作一遍。

8. 将你创建的数据文件作为 GradeMap 的输入数据，将胡安（Juan）的控制文件作为你的分析模型（注意你使用的数据格式，格式不同的话，可能需要做一些修改）。检查你得出的结果与胡安是否一致。

9. 把之前已经完成的编制测量工具的步骤再想一遍，并写出你接下来的计划。

10. 与小组成员讨论你的计划，并一起进行修订。讨论你们的收获以及出现的问题。

第三部分

控制测量工具质量的方法

第六章　选择和评价测量模型

6.0　本章概览和关键概念

对测量模型的要求

标准误

项目拟合

被试拟合

本章主要讨论了测量过程中必须解决的两个关键问题。第一，测量者应该如何选择测量模型来进行数据分析？第二，如何判断所选的测量模型是否适用于当前的数据？

6.1　对测量模型的要求

测量模型是开发测量工具四个构建模块中的最后一个。测量模型要满足以下两项要求：

1. 必须能解释建构图上的被试与反应之间的距离；

2. 必须能解释建构图上的不同反应之间、不同被试之间的距离（Wilson，2004）。

要理解这两项要求，我们首先要认真思考"距离"一词在建构图中的含义。在地图上，"距离"和"方向"具有地理上的意义。例如，"往北 1 千米"在地图上可能相当于"向上 1 厘米"。在建构图中，被试与反应之间的距离表示的是被试做出反应的概率。假设被试的位置是 θ，项目反应的位置是 δ，那么被试做出该反应的概率（P_r）是被试的位置与反应的位置之间差距的函数（f），用方程式可表示为：

$$P_r = f(\theta - \delta)$$

（公式 6.1）

这个方程也可以这样理解：

（ⅰ）当被试与反应在相同位置（即被试与反应之间的距离为零）时，被试可能以一定的概率（比方说 0.5 的概率）对项目做出积极的反应；

（ⅱ）当被试在建构图上的位置高于反应时，被试做出积极反应的概率更大（大于 0.5）；

（ⅲ）当被试在建构图上的位置低于反应时，被试做出积极反应的概率更小（小于 0.5）。

上述三点也是测量模型必须具备的定性特征。不过，仅凭这些定性特征还不足以很好地体现"建构图"的理念。我们还需要进一步细化特征（ⅱ）（ⅲ），并给出具体的度量形式。

让我们再回到建构图的解读上来。以图 6.1 为例，处于建构图中间位置的被试 X，我们可以预期他会以约 0.5 的概率对处于相同位置的项目做出积极反应。对高于其位置的项目，被试 X 做出积极反应的概率会小一些（小于 0.5）；而对低于其位置的项目，该被试 X 做出积极反应的概率会更高一些（大于 0.5）。

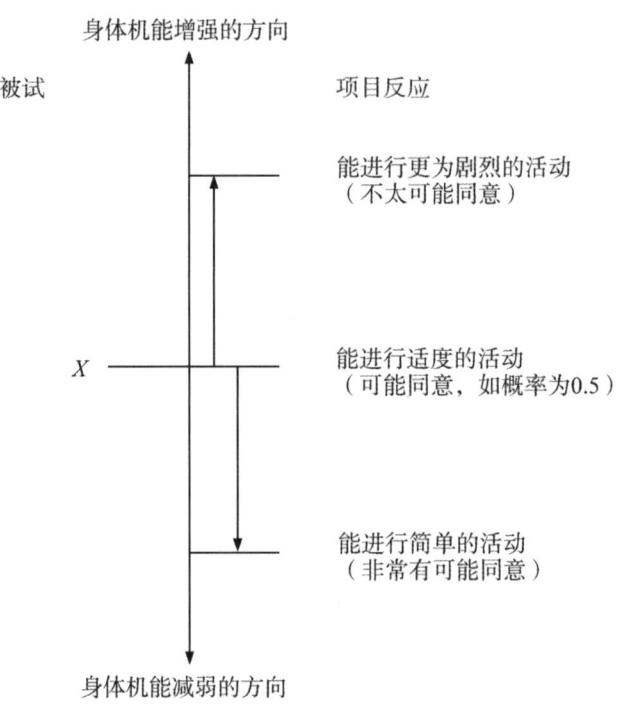

图 6.1　建构图上不同位置的项目对同一被试的含义

　　我们再来看不同项目反应之间的距离。图 6.2 中，被试 X 和 Y 在某一建构上处于两个不同位置。从图中我们不难发现，无论是从处于较低位置的 X 还是从处于较高位置的 Y 来看，"能进行剧烈活动"与"能进行简单的活动"这两个项目之间的距离是一样的。这一特点显而易见，似乎根本不用特意阐述。但如果要运用建构图对结果做出各种解释，这一特点就至关重要：只有当项目反应的相对位置的含义与被试在建构上的位置无关（即无论被试在什么位置，对项目反应的相对位置的解释都不变）时，不同项目反应的位置差异才有意义。换句话说，就是无论被试在建构图上的什么位置，"距离"的含义都相同。这种"不变性（invariance）"的要求与地图上任何位置的"1厘米都代表 1 千米"的理念是一致的。

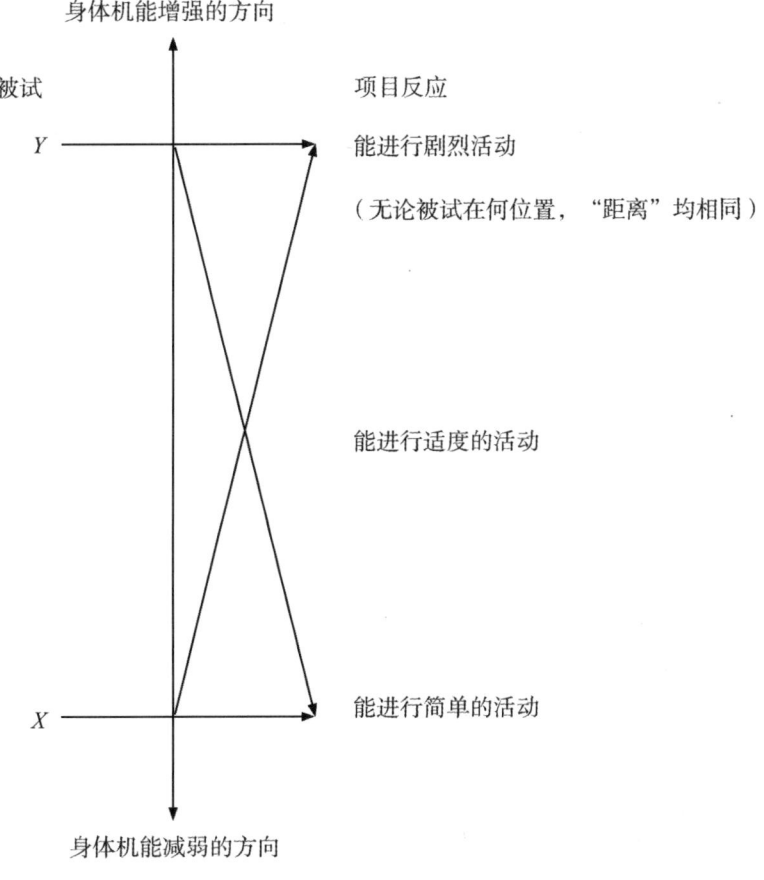

图 6.2　建构图上不同位置的项目对两个不同水平的被试的含义

　　这种不变性带来的一个具体表现是：对所有被试而言，项目反应在建构图上的排序保持不变；同时，对所有项目反应而言，被试在建构图上的排序也保持不变。[①] 我们一起回忆一下测量模型的第二条特征，实际上特征（ⅱ）提出了更高的要求：不仅要保持排序相同，还要保持度量的性质相同。在项目反应模型的框架下，要达到这个要求，项目模型必须具备以下性质：所有项目的反应函数的形态必须保持相同的顺序（见图 6.3）。在图 6.3 中，无论被试处于什么位置，对不同项目的反应概率的排序总是相同的。例如，当被试在建构图上的最低位置时（$\theta=0$），其对项目 1、项目 2 和项目 3 做出正确反应的概率从高到低排序是 $P(3) > P(2) > P(1)$；对该被试来说，三个项目的难度排序是 $D(1) > D(2) > D(3)$。当另外两个被试的位置高一些时（$\theta=1.0$ 和 $\theta=2.2$），三个项目的难度排序依然相同。当 θ 是极限值时，项目间的这种差异变得非常小。但即便如此，从数学意义上讲，这些项目在量尺上依然是有顺序的。如果项目反应函数的形态不同，那么项目的相对难度排序就会发生变化，这种不变性特征就不存在了。

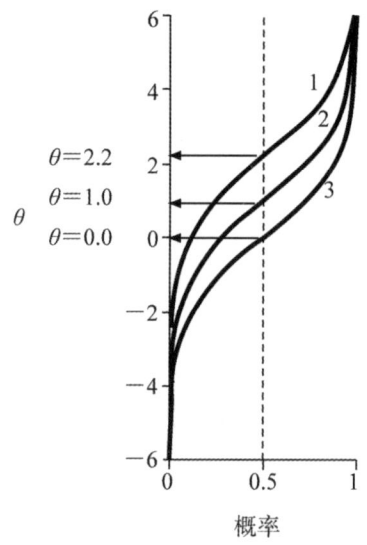

图 6.3　项目反应函数的形态保持相同的顺序

在项目反应模型中，有些项目反应函数对项目难度的解释就比罗氏模型更复杂，比如"双参数逻辑函数（two-parameter logistic function）"：

$$P(X_i=1 \mid \theta,\ \delta_i,\ a_i) = \frac{e^{a_i\theta-\delta_i}}{1+e^{a_i\theta-\delta_i}} \qquad \text{（公式 6.2）}$$

---

① 这相当于双随机排序（double stochastic ordering，非参数模型中的一个概念）

在公式 6.2 中，θ 和 δ_i 的含义同上，a_i 则是斜率参数（slope parameter）。在这个模型中，如果所有项目反应函数都具有相同的形态，意味着所有的 a_i 都得相等，那就和罗氏模型的要求一样了：

$$P(X_i=1 \mid \theta, \delta_i) = \frac{e^{\theta-\delta_i}}{1+e^{\theta-\delta_i}}, \qquad (公式 6.3)$$

如果各个项目的 a_i 不相等，那么项目难度的排序就会在某处发生变化。以图 6.4 为例，图中三个被试在建构图上的位置不同：当 $\theta=-3.0$ 时，项目从难到易的排序是 $D(1)>D(3)>D(2)$；当 $\theta=0$ 时，项目难度的排序是 $D(1)>D(2)>D(3)$；当 $\theta=4.0$ 时，项目难度的排序是 $D(2)>D(1)>D(3)$。

在双参数逻辑模型中，项目反应函数的形态差异导致了其无法满足特征（ⅰ）和特征（ⅱ）中隐含的顺序不变性要求。因此，怀特图（以及建构图）所提供的解释也就不适用了。使用双参数逻辑模型时，对于不同水平的被试，项目难度的排序不同（即量尺不同）。这种情况是不可能用之前的方法来表示的，因此这里也就没有给出类似图 6.2 或图 6.3 那样的图。让我们再次回到和地图的类比：项目间的相对位置如果取决于被试在建构上位置的高低，就好比柏林与罗马之间的距离取决于你是从华盛顿看还是从伊斯坦布尔看。

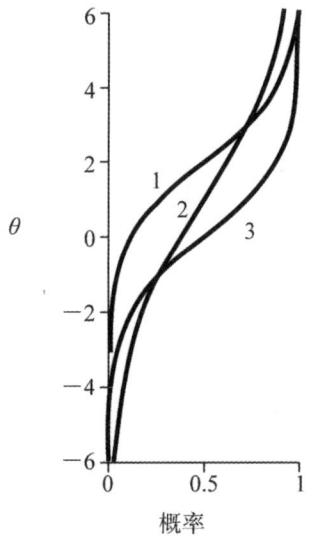

图 6.4　项目反应函数可以具有不同的形态

当模型不具有不变性特征时，包括怀特图在内的示意图就没有什么用处了。因此，如果我们想使用怀特图之类的工具对结果进行解释，那么项目就必须符合对应的统计模型（公式6.3）的要求。如果在实践中不需要用怀特图进行解释，那么可以不强加这个要求。需要指出的是，罗氏模型还有其他值得关注的优势（参见 Fischer & Molenaar，1995）。简单来说，罗氏模型所包含的特征是其他许多模型所共有的，它既是概率单位模型（probit model；"等斜率"的情况）的特例，也是许多其他模型（包括非参数模型）的特例。

倘若某个测量工具中的项目确实存在图6.4所示的特征，要怎么做才能解决缺乏不变性的问题呢？读者可以参考以下这些方法：

（a）对建构进行更复杂的解释。即找到对于不同水平的被试，项目难度的排序不同的理论依据。实际上，这种方法很少有人用，主要原因在于理论解释会变得相当复杂，要比一般心理测量情境中的解释复杂得多。为数不多的几个例子包括：（ⅰ）严（Yen，1985）就将斜率的差异解释为"渐增认知复杂性"的证据，（ⅱ）威尔逊将罗氏模型进行拓展以融合皮亚杰的发展阶段理论的要素（即"跃度（saltus）"模型；Mislevy & Wilson，1996；Wilson，1989；Wilson & Draney，1997）。我们把这一方法称为"建构复杂化"。

（b）假定不存在这样的复杂建构，测量者需要想办法实现类似罗氏模型的结果。其中一种方法是"反应概率80（response probability 80，RP - 80）"惯例（参见 Kolstad, Cohen, Baldi, Chan, de Fur & Angeles，1998）。根据"RP - 80"惯例，项目根据反应概率在0.80时的难度进行排序。这种方法忽略了其他概率水平上排序的不一致，因此，我们称之为"掩盖统计复杂性"。

（c）忽略项目参数的实质意义。也就是说，项目参数只是计算的结果，而不考虑其对内部效度而言的意义。这种方法有时被称为在数据拟合模型和模型拟合数据之间做出的选择（后者即选择忽略参数的意义）。但这种表述并不确切，因为我们真正要追求的是使项目符合建构。此外，忽略项目参数的实质意义与目前最通用的测量理论不符，也不符合现行的测验技术标准（美国教育研究协会[①]、美国心理学学会[②]、美国国家教育测量委员会[③]，1999）。因此，我们将这一方法称为"数据决定权重"。

[①] American Educational Research Association.

[②] American Psychological Association.

[③] National Council for Measurement in Education.

　　（d）测量者还可以努力修改项目，使项目反应函数不相交（使之和 Rasch 的不变性特征相符）。测量者可以通过删除斜率低的项目（即点二列相关系数小的项目）和增加斜率合理的新项目来实现这一目标。我们把这种方法称为"使项目符合建构"。

　　如果我们要使用"建构图"作为测量工具设计和结果解释的框架，那么（d）是唯一可行的方法。

　　综上所述，使用测量模型的结果是在公式 6.3 所隐含的约束条件下，估算出最符合情况的项目参数。尽管那些允许项目反应函数有不同斜率 a_i 的模型可能看起来拟合度更好，但那些模型不能使用建构图对结果进行解释，因此我们不建议使用。我们的这一立场并不违背进行精准统计建模的原则。多布森（Dobson）曾说：

　　　　好模型的标准是该模型可以"解释"大部分的变异……但在实践中，这条标准需要与"简单性"等其他标准一起权衡。"奥卡姆剃刀（Occam's razor）定律"表明，一个充分描述数据的简约模型可能比解释大部分变异的复杂模型更可取（Dobson，1983，p. 8）。

　　事实上，多布森描述的"解释性"策略只是部分策略，我们必须始终考虑简约的需求。在使用统计模型解释数据的变异时，简约性决定了哪些模型可接受，哪些不能接受。测量模型也是一样。

　　如果测量者使用方法（d），很重要的一点就是要让项目具有相等的 a_i 这一约束条件能在数据中合理地反映出来。这就是为什么要使用计算项目斜率的方法来检测项目与数据拟合的原因。怀特和他的合作者们开发了"拟合"统计量（例如，Wright & Masters，1981；Wright & Stone，1979；也可参见下一节），这些方法可以精确地指出存在问题的项目，并有助于诊断问题产生的原因，以便测量者用没有相同问题的项目来替换原先出现问题的项目。

　　回顾前文，我们不难发现选择何种测量模型的问题实际上就是测量者要给模型施加什么样的先验解释约束的问题，即测量者要对数据分析结果进行何种解释决定了他应该选择哪种测量模型。这个问题在主流统计学文献中有过反复的讨论。例如，格圣菲尔德（Gershenfeld，1998）曾说过："……两个中心任务是：选择模型的函数形式，以及使用数据来确定模型中要估算的参数值"（p. 113）。本章我们要集中讨论的是前者——模型的函数形式。此外，格圣菲尔德还提出：

　　　　减少一种误差很可能会增加另一种误差，这叫做偏差/方差权衡（bias/

variance tradeoff）——如果你想在估算模型参数时减少偏差，你通常需要以增加方差为代价。一个更加灵活的模型能够更好地描绘数据，但也可能更容易受到数据中的噪声干扰（Gershenfeld，1998，p. 113）。

因此，模型选择的问题也就变成了：是选择用各种限制更多的模型去尽可能拟合数据，还是用对分数限制较少的模型拟合数据？换句话说，测量者是应该让项目去拟合建构还是让建构去拟合项目？按照之前的讨论，如果想保证建构图上的距离是有意义的，我们就只能选择约束较多的模型和符合模型约束条件的项目。在项目反应建模领域的实践中，想办法利用罗氏模型及其衍生出来的模型来处理复杂的测量情境已成为一种很常用的策略。从理论上讲，我们也可以选择使用非参数模型，但非参数模型能得到的结论非常有限。

6.2　测量

怀特图的目的是帮助测量者对被试和项目阈值在建构上的位置进行解释。测量工具的目的通常是对被试进行测量。在本书中，我们把估算被试在怀特图的洛基量尺上的具体位置称为对被试的测量。例如，在图 6.5 中，得 1 分的被试位于 −4.40 洛基处，而得 19 分的被试则位于 4.78 洛基处。如前所述，洛基值通常要转换成其他的单位，以方便使用者理解。任何线性转换都不会影响我们之前以洛基为单位对结果出现的概率大小进行解释。由于有些使用者不喜欢测量结果有负值，还有些使用者不喜欢结果出现小数，因此我们通常将结果转换为平均数为 500、标准差为 100 的数据。对于绝大多数测量工具来说，这样的转换会将所有数值都变成正数，且可以不再保留小数。[①] 这其实就是将表 5.1 进行简单的改良，使结果符合使用者想要的单位，而不再是洛基。

6.2.1　解释与误差

前面已经讨论并举例说明了如何使用项目阈值的位置来帮助我们解释测量值。事实上，这个让位置的估计值变得有意义的理论框架正是本书介绍的基于建构理论的测量方法的最重要的特征之一，甚至可以说是我们创建这种测量方法的目的。我们将在接下来

---

① 有一个有趣的例外，参见 Dawson（1998）。

的几章对项目标定和被试测量进行更详细的阐述（在第七章和第八章分别讨论信度和效度），其中有些内容也会涉及对被试位置的解释。"案例档案（cases archive）"里提供了更多的图例，有兴趣的读者可以参阅。

我们在前面已经说过，每个位置都是一个估计值。这意味着这个数值存在一定程度的不确定性。这种不确定性通常用该位置的标准误，也就是测量标准误（standard error of measurement）来表示。[①] 测量标准误可以告诉测量者每个估计值的准确性。例如，如果被试在"PF‒10"中得 13 分，那么该被试的位置为 0.87 洛基，并且被试位置的标准误为 0.59。我们可以把这些数字理解为：测量者虽然不确定被试的准确位置，但知道其处在以 0.87 洛基为中心，且标准误为 0.59 的近似正态分布或正态分布的区域中。在这个例子中，测量者也可以说，被试位置的 68% 置信区间是 0.87±0.59（即 0.28～1.46），或者说被试位置的 95% 置信区间是 0.87±1.96×0.59（即 −0.29～2.03）。

以图 6.5 为例，"X"周围的"1"代表 68% 置信区间，"2"代表 95% 置信区间。95% 置信区间的长度达 2.36 洛基，看起来相当大。这说明尽管被试在量表上得 13 分，但其真实位置从洛基值对应到得分的话大概在 9 分到 16 分之间。或者我们也可以理解为，被试的实际位置在从"WalkOne"的第二个阈值位置上面一点到接近"Walk-Mile"的第二个阈值位置的这一范围内。尽管这一范围确实很宽，但相对于完全没有相关数据的被试而言，仍然是一种进步。要说清楚这一点，我们先假设一个没有任何分数的被试，其位置在最小得分到最大得分之间，即被试位置的取值长度为 8.61 洛基。对比已知被试得分为 13 分，其 95% 置信区间约占整个取值范围的 27%，因此我们有 95% 的自信推论，测量者获得的信息是没有被试的相关数据时的 4 倍。当然，这可能低估了测量者的作用，因为我们不知道被试是否会恰好落在测量工具的取值范围之内，被试位置的取值范围可能比 8.61 洛基更大。本段介绍的置信区间的概念，与测量工具质量控制指标"信度"有关，我们将在第七章中进行更详细的介绍。

与被试位置的估计值存在标准误一样，项目位置也有标准误。在典型的测量情境中，被试的数量比项目的数量多，所以项目的标准误比被试的标准误要小得多。例如在图 6.5 中，项目"VigAct"的第一个阈值的标准误为 0.04。在大部分实践应用中，项目的标准误小到可以忽略不计。不过，测量者还是需要牢记，就像被试位置的估值

[①]　本书示例中的 GradeMap 软件里，计算测量标准误采用的公式见 Adams, Wilson 和 Wang (1997)。

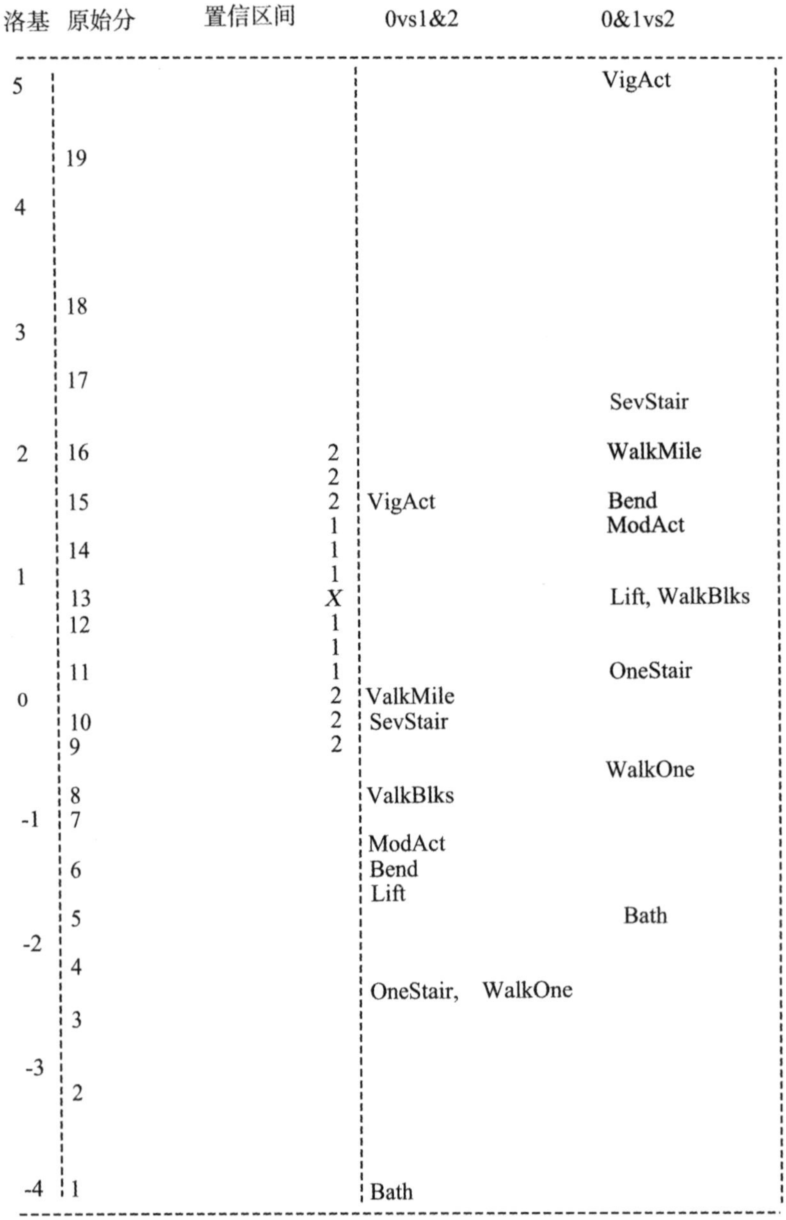

洛基	原始分	置信区间	0vs1&2	0&1vs2
5				VigAct
	19			
4				
	18			
3				
	17			SevStair
2	16	2 2		WalkMile
	15	2 1	VigAct	Bend ModAct
	14	1 1		
1	13	X		Lift, WalkBlks
	12	1 1		
	11	1 1		OneStair
0		2	ValkMile	
	10	2 2	SevStair	
	9			WalkOne
	8		ValkBlks	
-1	7			
	6		ModAct Bend	
	5		Lift	Bath
-2	4			
	3		OneStair, WalkOne	
-3	2			
-4	1		Bath	

每个X代表17个被试，每行为0.2个洛基

图 6.5 三级评分的 "PF－10" 的怀特图

（图中标明了得 13 分的被试的 68％和 95％置信区间）

一样，项目位置的估值也受误差的影响。在下一节计算项目拟合统计量中我们将用到项目的标准误。

6.2.2　项目拟合

使用罗氏模型对测量工具进行分析时有多种技术要求。为了确保估计值的使用是恰当的，我们必须对这些技术要求进行检验。严格地说，测量者应该先检验这些技术要求，再进行前面几节讲的对怀特图的解读。但如果工具仍在修订过程中，则可以放宽这一要求，因为这些相关计量的近似值仍可用来改进工具。不过无论是哪种情况，检验技术要求是否已满足是一项不可忽视的工作，在测量工具开发的循环修改过程中，也是越早检验越好。

我们通常把收集证据证明所使用的数学模型是否合适的这一过程称为拟合检验（investigation of fit）。我们接下来将讨论项目的拟合检验，6.2.3 节将讨论被试的拟合检验。拟合检验的方法不止一种，每种方法往往只强调模型的某一个方面。接着 6.1 节的讨论，本节介绍的拟合检验的方法着重考虑由估计的项目参数产生的项目特征曲线（理论值）在多大程度上体现了实证的项目特征曲线（实际观察值）的形态。大多数拟合检验都从残差检验开始，即对特定的人和项目，实际观测到的分数与理论期望分数的差：

$$Y_{in} = X_{in} - E_{in} \qquad \text{（公式 6.4）}$$

在公式 6.4 中，Y_{in}，X_{in} 和 E_{in} 分别表示被试 n 在项目 i 上的残差、实际观测到的分数和理论期望分数。理论期望分数由下面的公式求得：

$$E_{in} = \sum_{k=1}^{K_i} k P(X_{in} = k \mid \theta, \delta) \qquad \text{（公式 6.5）}$$

其中，K_i 是项目反应类别的数量，δ 是项目 i 的参数的向量。尽管我们不要求被试在每个项目反应上的残差都很小，但我们希望对整个测量工具来说，残差分布表现良好。因此，拟合指标通常包括采用不同的方法来检查残差的分布、均值和方差等。例如，有一种检验方法是比较真实的残差大小与数据拟合模型时理论期望的残差大小，也就是计算均方拟合统计量（mean square fit statistic；Wright & Masters，1981）。具体步骤如下：

首先，计算在模型的估计下，项目 i 的理论期望残差平方和：

$$W_{in} = \sum_{k=0}^{K_i} (k - E_{in})^2 P(X_{in} = k \mid \theta, \delta) \qquad \text{（公式 6.6）}$$

然后，计算所有被试的理论期望残差的均方：

$$\sum_{n=1}^{N} W_{in} / N$$

再计算实际残差的均方值：

$$\sum_{n=1}^{N} Y_{in}^2 / N$$

最后，对比实际残差与理论期望的均方值，均方拟合统计量就是这两个方差的比值（N 被约掉了）：

$$MS_i = \sum_{n=1}^{N} Y_{in}^2 / \sum_{n=1}^{N} W_{in}$$

当实际残差与理论期望的残差相差不大时，这两个统计量应大致相同，即它们的均方的比值应接近 1。当比值大于 1.0 时，实际残差大于理论期望的方差，这意味着根据实测数据画的曲线比模型预期的更平坦。当比值小于 1.0 时，实际方差小于理论期望的方差，这意味着根据实测数据画的曲线比模型预期的更陡峭。在解释这些结果时，我们需要明确，出现上述第一种情况（即比值大于 1）的项目对估计被试的位置能贡献的有效信息较少，因此这类项目是最有问题的。

创建类似的拟合指标的方法很多。我们刚刚介绍的指标通常被称为加权均方（weighted mean square，有时也称为 infit 均方），另一个指标是未加权均方（unweighted mean square，有时也称为 outfit 均方）。两者的计算方法很类似，差别在于在后者的计算中，离项目位置更远的被试会对指数产生更大的效应。

判断加权均方的好坏并没有绝对的标准，研究者们建议以 0.75 作为加权均方的合理下限，以 1.33（或 4/3）作为合理上限（Adams & Khoo, 1996）。另一个拟合指标是加权均方的 t 值，这个值是通过将加权均方转换为标准正态分布得到的，用来检测均方的统计显著性（Wright & Masters, 1981）。t 值存在的问题是当样本量较大时，无论项目拟合的实际情况如何，这一统计量在许多项目上都是显著的。因此，更合理的策略是将那些 t 检验显著且加权均方不在合理的效应值范围内（即不在 0.75 到 1.33 之间）的项目视为是存在问题的项目。本书配套的 GradeMap 软件能提供加权均方、未加权均方以及 t 统计量，这些统计量是采用边际极大似然估计法（marginal maximum likelihood，MML）得到的（Wu, 1997；Wu, Adams & Wdson, 1998）。GradeMap 软件为项目的平均位置和每个项目的相对步骤参数都提供了这些拟合统计量［项目的平均位置是项目（在所有类别上）步骤参数的均值，而相对步骤参数是步骤参数相对于均值的离差］。

　　了解了这些背景知识后，我们再来看图 6.6。图中显示了"PF－10"中项目的平均位置的加权均方值，所有项目的加权均方值都在 0.75 到 1.33 之间，即所有项目都在合理的拟合范围内。尽管有一些项目的加权均方的 t 值在 $\alpha=0.05$ 水平上显著，但这并不能充分证明该项目存在拟合问题。因为我们关注的是在加权均方和 t 值上都有问题的项目。这样的评判标准对相对步骤参数也适用（参见附录 2）。因此，总的来说"PF－10"的数据与分步计分模型（partial credit model）拟合良好。

加权均方

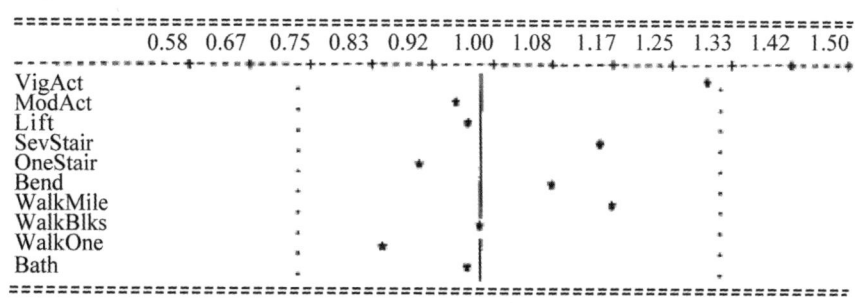

图 6.6　"PF－10"中的项目的拟合结果（项目平均位置）

　　如果测量者发现某个项目的拟合较差，接下来就需要决定该怎么办。要描述项目失拟（misfit）的具体情况，我们可以对比各个位置的被试取得各分值的理论期望比例（基于项目参数估计值）与实际比例。图 6.7 展示了这一比较的结果。图中有两个项目，一个是拟合相对较差的项目 1，另一个是拟合相对较好的项目 8。这幅图由 Con-Quest 软件（Wu，Adams & Wilson，1998）生成，因此该图采用了更传统的水平方向[①]。图中的实线表示理论期望的累积概率（即项目反应函数），圆点则表示实际观察到的累积比例。如果圆点在曲线上或附近，表明拟合良好；如果圆点偏离曲线，则表明拟合较差。图 6.7（1）中，虽然不是所有的圆点都恰好在曲线上，但比较接近，因此项目 8 拟合较好（参见图 6.6，项目 8 "WalkBlks"的加权均方接近最佳值 1.0）。尽管项目 1 加权均方小于临界值 1.33，但拟合较差，从图 6.7（2）中可以看出，表示得 1 分或 2 分的累积比例的圆点非常接近曲线，而表示得 3 分的累积比例的圆点则离曲线较远一些。从图 5.10 中，我们可以看到相当多的被试恰好分布在上端的位置，而均方统计量易受被试位置的影响。因此，得 3 分这个部分的实际观测值与理论预期偏离的

────────────────

　　① 　GradeMap 当前的版本不能生成这个图。

原因就极有可能是该项目的加权均方较大。对此类探索，我们没有具体的临界值，但弄清楚失拟的具体情况总是有意义的。基于项目 1 的拟合结果，我们可以得出以下结论：（a）由于偏差不是特别大，因此不必删除这一项目（且该项目的位置最高，要尽可能保留）；（b）该项目中存在一定程度的失拟问题，这可能是由项目的具体措辞导致的，或许可以将该项目中的"剧烈"改为多个具体的剧烈运动，比如"打篮球"等，帮助被试更好地理解该项目。

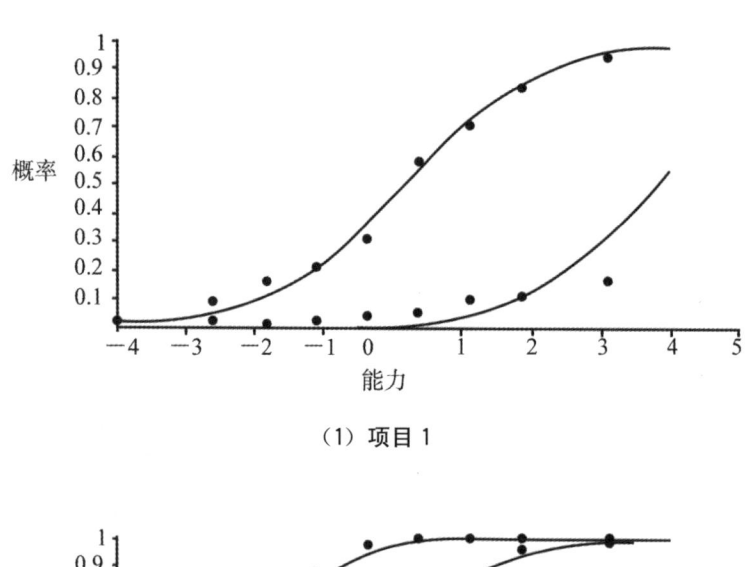

（1）项目 1

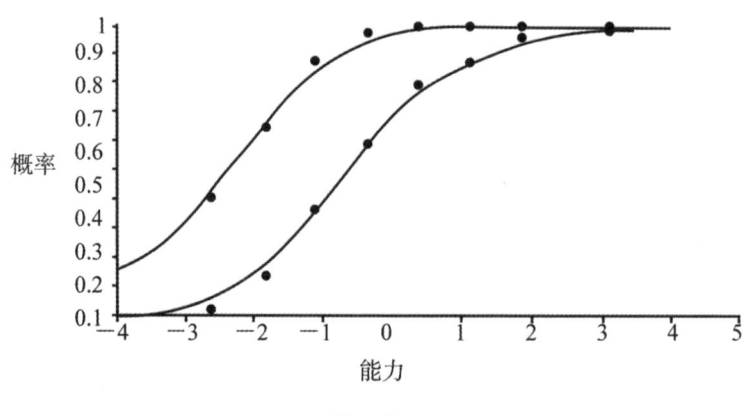

（2）项目 8

图 6.7　两项目的拟合图形

发现失拟的项目后，我们的第一反应通常是将这个项目从项目集中删去。但这可能并不是最好的办法。首先，拟合较差可能是由于随机变化产生的。在 $\alpha = 0.05$ 的水平上，一个有 20 个参数的检验中，即便没有一个参数失拟，但仅仅一个偶然的随机变化就可能会导致检验结果出现统计显著性。[1] 有两种方法可以检验失拟到底是不是由随机因素造成的：（a）对被试进行重复（类似）抽样，检查是否还存在拟合较差的情况；（b）通过 3.4 节所述的大声思考和出口访谈，调查被试的反应，如果测量者能提出一种理论来解释失拟的原因，就可以用其来指导如何在新项目中避免失拟的发生。其次，拟合较差的项目可能是一个非常重要的项目，这个项目的内容或者位置非常罕见，找不到别的项目来替代它。以"PF-10"的项目 1 为例，它是最难的项目，其位置比邻近的另一个项目的第一个阈值位置还要高出 1 洛基。如果删除它，建构将失去部分定义。在这种情况下，最好的办法是先采取前面所述的步骤，以确认确实存在拟合较差的情况。如果重复抽样的实证性证据支持失拟的结论，那么就应该依据项目编制的理论，编制更多类似性质的项目来替代它。但遗憾的是，这种办法并不总是可行的。由于各种原因，失拟的项目可能无法被替换。此时，测量者必须基于"两害相权取其轻"的原则，对是删除还是保留该项目做出判断。当然，还可以采用其他技术性的策略来解决这个问题，例如换一个略微不同的测量模型可能会使项目拟合。但我们在本书中不讨论其他的测量模型（关于其他模型的简介，参见第九章）。

6.2.3　被试拟合

本书介绍的测量方法（罗氏模型）和真分数理论中都有测量标准误这一概念，但被试拟合（respondent fit）这一概念则是本书介绍的数据分析方法中独有的。本书着重介绍的方法使用了一个特定的数学模型来构建被试与项目反应间的关系，而在检验被试的反应是否符合模型的预期时，也需要使用这一数学模型。这听起来可能会让人困惑，但实际上是有内在逻辑的。我们可以做这样一个类比：假如仓库里堆满了桌子，我们要求测量者去测量其中每一张桌子的面积，通常任务会进行得很顺利。在这一过程中，测量者会发现他在学校里学到的"长×宽"的公式很管用。但假如测量者突然发现仓库的一个不起眼的角落里有一张三角形桌子，这时该怎么办呢？三角形也有面积，但之前的公式不适用了。测量者要做的是决定如何处理这个问题。同样，在测量工具中，虽然大多数被试会做出与模型预测相一致的反应（对更容易的项目，也就是怀特图下端的项目，更多地做出积极反应；对更难的项目，

---

① Holland 和 Copenhaver（1988）研究了这类拟合参数在各种测验中的误差率，可参阅他们的详细分析。

也就是怀特图上端的项目，较少地做出积极反应），但有时也会有被试做出与模型预测相反的反应，即对位置更高的项目做出更多的积极反应，而对位置较低的项目却较少做出积极反应。

当然，任何被试都有可能做出一些反常的反应。因此，很难从纯粹的随机变化中区分出真正不同寻常的反应模式。但使用概率模型就可以进行区分，这正是本书介绍的模型的优势之一。采用概率模型可以较为精确地计算出被试反应模式的异常程度。

我们继续以"PF-10"为例，从中找出一些典型的例子来解释被试拟合这一概念。表6.1中显示了其中三个被试在10个项目上的反应。这三个被试在"PF-10"中都得了9分，他们的估计位置均为-0.41洛基（参见图5.10）。表中最上方是位置为-0.41的被试的模型预测分数（理论期望值）。为了更加清楚地显示被试的反应模式，在表中我们把项目按难度顺序排列（难度从左到右依次升高）。从表中我们可以看出，模型预测分数随着项目越来越难而越来越低。第一种反应模式（第397号被试①）是"典型"的作答模式。从左往右看，实际分数基本按照从高（2分）到低（0分）的次序排列，这也正是模型所期望的。尽管这些顺序并不完全一致，中间有一些随机的变化（例如，被试在项目8、项目9、项目4或项目3上的反应呈现出随机的波动性），但这也是概率方法中允许存在的合理波动。需要指出的是，如果没有理论期望的分值做参照，我们通常很难辨别出哪个项目存在波动。在这个例子中，如果第一行没有理论期望分数，我们就很难说项目2和项目8的反应哪个更为异常。但有了理论期望分数做比较，我们就可以发现项目8看起来更异常。与第一个被试相比，第二个被试（第375号）的反应模式在得分高低的顺序上与难度的顺序完全一致，我们甚至没有看到概率上一般都存在的随机波动。再来看最后一个被试（第381号），该被试的反应模式与理论期望值差异非常大，得分与题目难度几乎毫无联系。并且，与前两个被试相比，该被试的反应更为极端（该被试做出1的反应非常少）。

---

① 读者如果要检验这些案例，在数据里请查找以下被试编号：397即id号码0200351，381即620285H，375即432336S。

表 6.1　"PF‐10"的三种反应模式

反应序号	分数	加权均方	项目（按难度排序）									
			10	9	5	3	2	8	6	7	4	1
理论预期分	9	—	1.80	1.52	1.27	1.04	0.87	0.87	0.86	0.64	0.54	0.16
397	9	1.07	2	1	1	2	1	0	1	0	1	0
375	9	0.51	2	2	1	1	1	1	1	0	0	0
381	9	2.55	0	2	2	0	0	2	0	2	1	0

　　表 6.1 中的三个被试的反应模式还可用图形来表示。如图 6.8 所示，该图被称为被试分布图（kidmap；Adams & Khoo，1996；Mead，1976）。它对怀特图进行了部分改良，表 6.1 中的信息都可以在图 6.8 中找到。图中，三个被试每人分别占一个竖列。每张分布图的左边是被试"已达到"（即回答正确或做出了选择）的项目反应，右边是"未达到"（即回答错误或没有选择）的项目反应。符号"$i.k$"前面已经界定过，用来表示项目和反应类别。"XXX"表示被试的位置，其左右两边的虚线表示：如果实际反应在这条虚线范围外，则说明被试对该项目的反应存在某种程度的异常。因此，我们也把这两条虚线称为"异常线（surprise lines）"。被试和项目的相对位置我们在前面已经解释过：当被试位置高于项目阈值时，他就有大于 50% 的概率做出积极反应；当被试位置低于项目阈值时，他做出积极反应的概率则小于 50%。基于这一解释，我们期望图中被试位置"XXX"的左下象限和右上象限涵盖大部分的项目阈值。由于一页纸容纳不了整个量尺，因此每张分布图都删掉了项目 1.2 的阈值到项目 4.2 的阈值之间的留白。

　　接下来我们再看图 6.8 中左边第 397 号被试的分布图。从图中可以看出，大多数阈值确实在期望的象限中。只有少数反应超过了异常线，如项目 3 的 2 分（图中表示为"3.2"）、项目 9 的 2 分（"9.2"）和项目 8 的 1 分（"8.1"）。再对照表 6.1 中的数值，我们发现这些反应确实是异常的，项目 9 的期望分数更接近 2 分而非 1 分，项目 3 的期望分数更接近 1 分而非 2 分，项目 8 的期望分数更接近 1 分而非 0 分。我们再来看中间的第 375 号被试的分布图，该图中没有超出异常线的阈值。这与表 6.1 中的排序一致。这种秩序性不是什么问题，因为即便在具有随机波动的系统中，也存在某些个体偶然做出完全有序的反应的情况。最后，我们看右边第 381 号被试的分布图。该分布图中"XXX"的位置与 397 号的相同，这是因为他们总的得分是相同的。但在

381 号被试的图中，有许多项目阈值的位置处于异常线的范围外。这一结果也与表 6.1 最后一行的无序状态一致。需要注意的是，异常线以上或以下的距离反映的是相对的异常程度。因此，在这个例子中，最异常的结果是项目 7 的 2 分和项目 10 的 0 分。

被试分布图：397　　　　　被试分布图：375　　　　　被试分布图：381
加权均方：1.07　　　　　加权均方：0.51　　　　　加权均方：2.55

······达到·········未达到······达到·········未达到······达到·········未达到····

	1.2		1.2		1.2
	4.2		4.2		4.2
	7.2		7.2	7.2	
	1.1 6.2		1.1 6.2		1.1 6.2
	2.2		2.2		2.2
3.2	8.2		3.2 8.2	8.2	3.2
	5.2		5.2	5.2	
······	7.1	······	7.1	······7.1	
4.1	*XXX*	*XXX*	4.1	4.1	*XXX*
	9.2		9.2	9.2	
	8.1······		8.1	8.1	······
2.1 6.1		2.1 6.1			2.1 6.1
3.1		3.1			3.1
10.2		10.2			10.2
5.1 9.1		5.1 9.1		5.1 9.1	
10.1		10.1			10.1

注：每行为 0.316 洛基

图 6.8　"PF-10" 中的三种反应模式的被试拟合图

和项目拟合指标一样，被试拟合指标也包括加权的均方和加权的 t 值等。这些指标的定义与项目拟合指标的定义非常类似。表 6.1 中第三列显示了被试的加权均方值。在解释这些拟合结果时，我们要牢记拟合指标仅仅标示出了一种模式，无法表示任何因果关系，它们甚至可能只是随机波动的结果。如果概率模型确实适用于该测量情境，那么必定有某些反应拟合较差的情况是由随机波动导致的，而非系统性的。我们再分析一下表 6.1 和图 6.8 中的两类拟合较差的情况。一种情况是被试的拟合指数低于 1，如表 6.1 中的第 375 号被试。这类情况意味着被试的作答模式比概率模型期望的随机性还少。这种情况在考虑模型的整体拟合时可能很重要（参见 6.3.1 节），但在评估个体的反应模式时，通常不作为重要的问题来考虑（一个有趣的例外，参见 Wilson，1989）。导致这种情况的原因通常是被试对建构的反应顺序比预期的更为严格（即变异比概率模型预测的更小）。

第二种情况是被试的拟合指数很高，如第 381 号被试。该被试的反应表明，理论预期的顺序对他来说可能是错误的。例如，对第 381 号被试而言，在项目 7 和项目 8 上做出积极的反应看起来比理论预期更容易些，而在项目 2、3、5 和 10 上做出积极的反应则比理论预期更难些。针对这种情况，最好的办法是对这名被试进行访谈，了解其作答时的想法。如果无法进行访谈，那么我们可以对被试做出这些反应的原因进行推测。在这个例子中，被试在项目 "WalkMile" 和项目 "WalkBlks"（项目 7 和 8）上做出积极的反应明显比理论预期更容易些，而在项目 "ModAct"、"Lift"、"Bend" 和 "Bath"（项目 2、3、5 和 10）上做出积极的反应则比理论预期的要难。一种可能的情况是，被试是一个坐在轮椅上的人，他将 "Walk（走）" 理解为依靠轮椅的行动。因此，该被试对项目 7 和项目 8 做出积极的反应。而项目 2、3、5 和 10 对该被试来说就都比较难，因此他在这些项目做出的反应并不积极。另外一种可能是录入的数据有误，再或者是被试可能进行了随机作答（没有认真作答）。尽管这些解释都是有可能的，但如果没有其他信息，就没有办法确定到底是什么原因导致的。

与理论期望不相符的反应模式是近二十年来测量学领域最有趣的发现之一。尽管寻找失拟的被试的过程很麻烦，但从我们能通过数据就了解被试情况的这一角度来说，这项工作是非常重要的。在条件许可的情况下，测量者对具有高拟合指标的被试都应该进行详细调查，以确保测量是有效的。实际上，这就产生了使用项目反应模式来确立新的被试类别的可能性。对失拟的被试，我们用罗氏模型计算出的他们的位置估值，这也是需要被质疑的。

6.3 其他参考资料

研究者们就何为最佳的测量模型有过广泛和深入的争论，仅仅是列出详细的参考书目就需要投入大量的精力。以下学者的文献可以作为入门的阅读资料：安德里奇（Andrich，2005）、博克（Bock，1977）、布伦南（Brennan，2001）、特劳伯（Traub，1997）和怀特（Wright，1977）。另外，怀特和马斯特（Wright & Masters，1981）的著作是讨论和解释失拟的重要参考文献。

6.4 课后练习

（接第一章至第五章的课后练习）

1. 阅读"其他参考资料"中所列举的部分文献，思考其中所表达的理念如何反映在你编制测量工具时已出现的问题或可能出现的问题中。简要写下你的想法。

2. 回顾胡安（Juan）的研究中 GradeMap 的输出结果。根据 6.2 节列出的程序，检查项目和被试失拟的情况。你同意胡安提出的解释吗？

3. 编制测量工具时，请尽量仔细考虑前面章节所介绍的步骤，并记录你的具体计划。

4. 与小组成员讨论你的计划、进展，以及出现的问题。

第七章　信　度

7.0　本章概览和关键概念

测量误差

测量标准误

信度系数

内部一致性信度

重测信度

复本信度

评分者间信度

本章主要介绍几种计算测量信度的方法，这些方法可用来检验我们在使用测量工具（无论它测量什么）测量个体时其结果是否具有足够的一致性，即是否有测量工具使用的信度证据。传统上，信度被视为测量工具的质量，有别于效度。在本书中，我们既把信度视为效度不可分割的一部分，同时又把它与下一章的内容加以区别。这是因为测量工具的信度与效度的所有特征都相关，而另一方面，传统上信度往往被单独分析。

7.1　测量误差

在确立建构并设计对应的测量工具时，测量者假定每个被试在该建构上都具有一定的水平，且这种水平可以被测量出来。这就是第五章和第六章中符号 θ 代表的意义，也是被试在怀特图上的位置。在实际测量过程中，测量者会对被试在某个项目上做出的反应进行评分，最终所得的项目分数会受到被试的 θ 以及许多其他因素的影响。所有这些影响加起来就意味着，估计的 θ 值（记为 $\hat{\theta}$）会与被试真正的 θ 有所不同，而这种不同就是测量误差（measurement error），记为 ε。用方程可以表示为 $\hat{\theta}=\theta+\varepsilon$，这与真分数理论的表达式（$X=T+E$）十分相似。导致测量误差的原因有很多，包括：（a）与被试个人有关的因素，比如他们对测量工具中所使用的主题的兴趣、他们的情绪以及他们的健康状况等；（b）与施测环境有关的因素，比如房间的温度、环境的吵闹程度以及施测时间的安排等；（c）与测量工具的具体细节有关的因素，比如项目的挑选以及呈现风格等；（d）与评分相关的因素，比如评分者的受训练程度以及评分者之间的一致性等。存在这些误差本身并没有什么问题，它们的出现是正常的，是测量中不可避免的一部分。误差表示的是实际值和理论值的残差（参见公式 6.4），是无法被测量模型（如公式 5.3、5.5 等）解释的部分。不过，测量者仍然要避免结果中存在过多的误差。

目前没有详尽的、终极的办法将所有误差归类，这正是误差的特性。根据定义，误差是无法被模型解释的部分，因而无法将误差完全分类。不过，调查误差所造成的影响很重要。如果测量工具受前面讲到的个体、环境等因素影响，导致测量结果缺乏一致性，那么不管有多少证据能支持其效度，测量结果也无法被使用。我们可以通过"思想实验（thought experiment）"来理解测量误差这一概念，这种方法有时也被类比为"洗脑（brainwashing）"。假设：有一个被试在对一个项目或项目集做出反应后，马上遗忘了自己做过该项目或项目集（即被"洗脑"了），然后该被试在各种不同条件的组合下一再重复作答，测量者对被试的所有反应均进行评分。我们取所有这些分数（可能是无限多的）的平均值作为这个被试的真实值（即 θ），观察值分布的方差（即 θ 的方差）也就是误差 ε 的方差。当然，被试不可能会真的遗忘自己完成过的项目，但思想实验可以作为解释 θ、$\hat{\theta}$ 和 ε 的一种方法。

在第六章（6.2.1 节）中我们对被试的测量误差的指标，即测量标准误（standard error of measurement，$sem(\theta)$[①]）已经做过介绍。在使用这一指标时，测量者就采用了"洗脑"类推法，即假设每个项目是独立于其他项目的一个"小测量工具"。在对被试个体进行测量时，测量标准误这一指标是评价是否可以使用被试能力的估计值的最重要工具。如果测量标准误太大，测量者就不能对结果做出清晰的解释。例如，在第六章中

---

① 在经典测量理论中，这个指标也可称为条件误差（conditional standard error）。

（6.2.1 节），基于测量标准误的 95％置信区间有 2.36 洛基，占了整个怀特图最高与最低位置区间的约 27％的宽度。正如我们在第六章讨论中所指出的，相比一无所知的情况，测量者对被试测量后得到的数据无疑提供了更多的信息。但是，就个体而言，这样的结果不够精确。我们回想一下置信区间的跨度（就第二个阈值而言）是从"WalkOne"到"WalkMile"，这其实涵盖了身体机能的较大范围。因此，这个小测量工具如果用于个体的临床诊断可能就不适用了，但它可以作为初期筛选或了解团体情况的基础。

　　测量标准误会随被试的位置变化而变化。图 7.1 展示了"PF‐10"中不同位置的被试的测量标准误。图中呈现出典型的 U 形关系，即测量标准误的最小值在项目阈值的均值附近，越接近项目阈值的两端标准误就越大。要理解出现 U 形关系的原因，我们需要结合图 5.3 中的项目反应函数曲线来看。项目曲线在某一被试位置上的切线[①]越陡，意味着该项目对于估计该被试位置的贡献越大。而项目反应函数在项目位置（即项目难度值）处最陡，该位置的反应概率为 0.50。因此，我们可以得出一个普遍性的结论：被试（位置）越接近项目（难度），则项目对估计被试位置的贡献就越大。现在我们再将这一结论应用于"PF‐10"这样典型的测量工具上（参见图5.10）。相对于处在两端的被试，位于中间位置的被试附近一般都会有更多的项目，因而中间位置的测量标准误（θ）会比两端小。只要项目阈值的分布介于钟形和均匀分布之间，被试位置与测量标准误都会呈现 U 形关系。但如果项目阈值的分布是双峰的，且众数之间有较大的距离，那么被试位置和测量标准误 $sem(\theta)$ 之间的关系就会更为复杂。

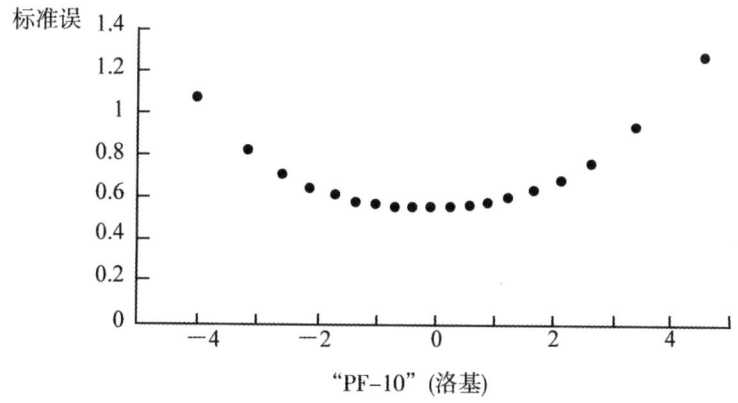

图 7.1　"PF‐10"的标准误（每个点代表一个分数）

---

①　曲线的切线是指仅与曲线有一个公共点（但不交叉）的直线，因而其斜率就是曲线在公共点处的斜率。

　　表达被试位置和测量标准误之间关系的另一种方式是利用信息量（$Inf(\theta)$）这个参数。信息量是测量标准误（$sem(\theta)$）的平方的倒数（Lord，1980）：

$$Inf(\theta) = 1/sem^2(\theta) \qquad （公式7.1）$$

整个测量工具的信息量是每个项目信息量 $Inf_i(\theta)$ 之和（Lord，1980）：

$$Inf(\theta) = \sum_{i=1}^{I} Inf_i(\theta) \qquad （公式7.2）$$

我们可以假设，测量工具中一个典型项目贡献的信息量是整个测验信息量的平均值：

$$\overline{Inf(\theta)} = Inf(\theta)/I \qquad （公式7.3）$$

我们可以像画图7.1所示的标准误图一样，画出被试位置与信息量的关系，如图7.2所示。需要注意的是，在真分数理论框架下，图7.1和图7.2中的曲线通常是一条水平的直线。

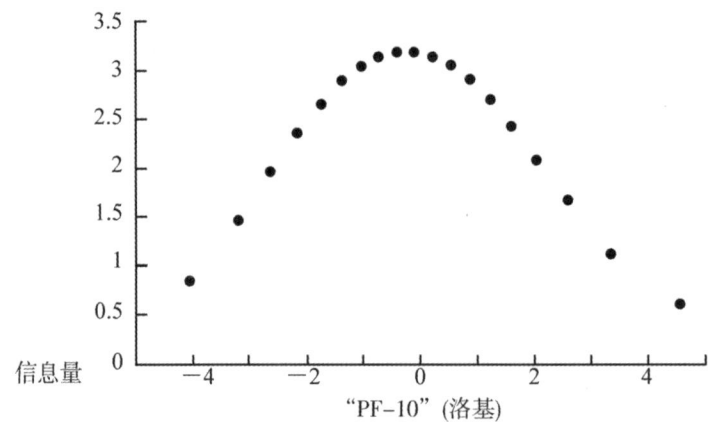

图7.2　"PF－10"量表的信息量

　　标准误和信息量的图对设计测量工具很有用。就"PF－10"量表而言，这两张图表明量表最精准的部分大致是从－2.0洛基到＋2.0洛基的范围。如果这就是测量工具的目标范围，那测量者就可以很满意。我们再看"PF－10"的怀特图（图5.10），从－2.0到＋2.0洛基的范围内涵盖了除三个项目（即"Bath""OneStair""WalkOne"）外的所有项目的第一个阈值（从0到1和2）以及八个项目的第二个阈值（从0和1到2）。由此可见，测量工具最精准的范围与项目阈值大体对应。不过，图5.10中的被试分布表明，样本中有不少被试的位置大于2.0洛基。因此，这个测量工具对该样本中相当一部分的被试而言并不是最佳的。当然，这个测量工具是否符合要求还取决于工具的最终用途：如果要用于与案例中样本相似的人群，那么从"VigAct"这个项目的位置往上，还需要增加更多的项目；如果是用于身体机能总体上比当前样本差一些的人群，那么现有的项目集就已经可以满足需求了；如果测量者希望详细研究身体机能较差的人群，那么最好在下端（"Bath"附近）增加更多的项目。

曲线的形态不是图 7.1 和图 7.2 唯一的重要特征，图形的平均高度也提供了很重要的信息。图形高度的改变意味着一致性的改变，如图 7.1 中的曲线位置更低或图 7.2 中曲线位置更高，都表示了一致性的提高。要改变曲线的高度，最常用的方法是增加项目的数量（假设新增的项目与现有项目的性质类似）。这种方法几乎肯定可以减小测量标准误（$sem(\theta)$），但当新项目具有不同的性质时，我们无法预测这种做法能否提高一致性。有一种方法可以有效地使新增加的相似项目达到测量者期望的大致效果：首先，选择一个位置作为合适的参照点；然后，利用公式 7.3 估算一个典型项目的贡献；再利用公式 7.2 调节整个工具的信息量；最后，利用公式 7.1 将其转换回测量标准误。

例如，在"PF-10"中，假定测量者想知道如果把项目数量增加到原来的 3 倍（即从 10 个项目增加到 30 个项目），测量标准误会减少多少。测量标准误的最小值为 0.56（从图 7.1 难以判断，但从附录 2 可以查到准确值），因此现有 10 个项目可以提供的最大信息量为 3.19。所以，按照一个项目可以提供 0.32 的信息量来算，30 个类似的项目最多可以提供约 9.60 的信息量。那么，预计最小的测量标准误约为 0.32，略大于现有最小测量标准误（0.56）的一半。鉴于项目数量与标准误之间关系的本质，一般来说随着测量工具中项目数量的增加，在测量标准误上的收益是逐渐递减的。在上面这个案例中，项目数量增加至原来的 3 倍，预计的测量标准误只能大约减少至原来的一半。

减少测量标准误的第二种方法是提高测量工具使用环境的标准化程度。这种方法在过去的实际中很常用，但使用这种方法提高一致性时，由于缩小了项目以及建构的参照范围，可能会降低工具的效度，所以必须权衡利弊，谨慎选择。在写作测试领域中就有由于使用这一方法而引起负面效应的经典案例。在写作测试中，人们发现可以通过增加选择题来提高分数的一致性，但代价是测试中被试的实际写作减少了。按照这个逻辑，我们得到的结论是：删除作文测验中的实际写作，而只保留选择题可以得到最高的一致性。这样的情况确实发生过，有一段时间，许多主要的写作测验根本不要求被试写什么。学生不需要真正进行写作就能通过测验的情况让很多教写作课的老师感到担忧。经过大量的争论后，大部分写作测验又回到只要求被试写一篇短文，随后评出一个分数的情况。只用单一主题的项目样本对学生进行测量的做法是一种冒险行为，不是一个好的解决方案。最好的办法是在各种效度需求间寻找平衡，我们会在下一章作更多的探讨。

7.2　测量误差概述

要制定测量结果一致性的质量控制指标，传统的做法是比较实际观察到的被试位置的方差中有多大比例可以被归因于测量模型。这个问题有好几种思考的角度：（a）被试分布的方差中可被模型解释的比例；（b）不同时间的多次测量结果的一致性；（c）不同项目集之间测量结果的一致性（即采用不同的测验形式进行测量）。上述三种测量误差的不同视角，分别被称为内部一致性（internal consistency），重测（test-retest）以及复本（alternate forms）。另一个可能产生的问题是评分者之间的一致性，我们也会简单地进行讨论。表 7.1 汇总了各种测量误差的概要。

7.2.1　内部一致性系数

本节描述的这些一致性系数称为内部一致性系数（internal consistency coefficient）。这是因为它们的计算依据都是使用单个测量工具得到数据的变异性信息，实际上是在计算实际观察到的被试分布的方差有多大比例能被模型预测出来。许多人对这种解释方差的公式都很熟悉，因为它常用于方差分析和回归分析中。这种方法也可以直接应用于我们在本书中介绍的以建构为参照的体系中，作为计算分离信度（separation reliability，即 r）的基础（Wright & Masters，1981）。计算分离信度时，首先要估计实际观察到的被试位置的总方差 $Var(\hat{\theta})$：

$$Var(\hat{\theta}) = \frac{1}{N-1} \sum_{n=1}^{N} (\hat{\theta}_n - \bar{\theta})^2 \qquad （公式 7.4）$$

其中，$\bar{\theta}$ 为被试的平均位置。在"PF - 10"的例子中，计算出的总方差为 4.47。误差所占的变异可由"测量标准误的均方（mean square of the standard errors of measurement，MSE）"来计算：

$$MSE=\frac{1}{N}\sum_{n=1}^{N}sem^2(\theta_n)$$ 　　　　　（公式 7.5）

在"PF-10"的例子中，MSE 为 0.67。可被模型解释的方差，即 $Var(\theta)$，是这两者之差：

$$Var(\theta)=Var(\hat\theta)-Var(\hat\sigma)$$ 　　　　　（公式 7.6）

因此，对于"PF-10"，我们可以算出两者之差为 3.79。那么，可以被模型解释的方差所占比例 r，就可以由下面的公式计算出来：

$$r=Var(\theta)/Var(\hat\theta)$$ 　　　　　（公式 7.7）

表 7.1　各类测量误差（信度指标）概要的汇总

名称	功能
内部一致性指标	
库德-理查德森 20/21 系数 （Kuder-Richardson 20/21）	真分数理论中的方法（原始分数） 用于二元计分
克伦巴赫 α 系数 （Cronbach's Alpha）	真分数理论中方法（原始分数） 用于多元计分
分离信度	真分数理论中的方法（原始分数） 用于多元计分
斯皮尔曼-布朗公式	用于计算预测的信度
重测指标	
重测相关系数	再次测量相同的被试时使用
复本指标	
复本相关系数	当两个项目集具有相似结构时使用
评分者间一致性指标	
分类一致性比例	对比评分者与参照的专家评分时使用

　　由这个公式计算出的"PF-10"量表的信度系数为 0.85。需要注意的是，这并不是计算信度的唯一方法，其他方法我们将在第九章简单介绍。

　　上面的这个数值提醒我们信度系数有一个缺点，即缺乏明确的标准来划定可接受的范围。毫无疑问 0.90 比 0.84 好，但不如 0.95 好。那么，测量工具的信度多低时才不可接受？信度多高时才明显是可以被接受的？在某些应用领域，研究者设定了一些行业标准。例如，加利福尼亚州曾支持将 0.90 作为学校里各种学业成就测验的最低信度系数。但这一标准没能被坚持下去。研究者们难以确定一个统一标准的原因之一是测量工具的用途太多。更稳妥的办法是考虑每种测量工具的实际用途，并根据情景设定具体的标准。例如，如果一个测量工具是用来将被试分成两组（"及格/不及格"，"＋/－"等）的，那么信度系数相当有误导性，因为它是建立在全体被试位置的数据基础上的。而分组时，我们实际上更应该关注的是临界值附近的误判率和漏报率。

尽管分离信度系数是以被试位置为计量单位而非传统的分数为单位来计算的，但它其实相当于经典测验理论中的信度指标（用于二元计分的库德－理查德森 20/21 系数，Kuder & Richardson，1937；以及多元计分的 α 系数，Cronbach，1951）。我们也可以先用公式 6.5 来计算每个人的期望分数，再用传统的方式来计算"期望分数"的信度，但这样做没有什么特别的优势。

7.2.2　重测信度系数

在前一节我们提到过，有许多测量误差来源于单次测量之外。根据每一种来源，我们都可以设计一种不同的计算信度系数的方法。重测信度系数是一种常用的信度系数。在重测信度中，测量者安排同一批被试对问题进行两次作答，得到的两组被试位置间的相关系数就是重测信度系数（在经典测量理论中，可以用被试的原始分数来计算）。

参考"洗脑"那个类比，要使得测量者可以合理假设被试在第二次作答时不记得第一次作答的情况，首次测验和第二次测验之间的时间间隔就需要足够大。对复杂的项目来说，通常总是会给人留下深刻的印象，因此可能很难出现第二次作答时不记得第一次的情况。另一方面，由于重测信度的调查目标是由测量工具引起的位置变化，而非被试位置的真正变化，所以两次测量间的时间间隔又需要足够近，这样才可以假设被试的位置没有发生真正的改变。可见，用比较容易被忘记的项目[1]测量稳定的建构（一段时间内不容易发生变化的建构）时，重测信度能更好地发挥作用，而用令人难忘的项目测量比较不稳定的建构时，这个信度指标则不太适用。

---

[1]　有很多人认为容易被人忘记的项目不是好项目，但在此处这样的项目却相当有用。

7.2.3　复本信度系数

另一种信度系数是复本信度系数。要计算这个系数，测量者要编制两套项目集，且每个项目集的编制都要按照第二章到第五章所介绍的四个构建模块的步骤进行。然后进行实际测试并标定两个复本，再计算两次测试所估算出的位置间的相关系数，就得到复本信度系数。这个系数特别适用于检验遵循第二章到第五章的四个构建模块所编制的测量工具是否选取了有代表性的内容、能否稳定地体现建构。这一方法不仅可以用来计算信度系数，还可以用来检验建构的效度证据的稳健性（把这种方法与附录9A 的方法结合使用时，就可以利用怀特图比较效度证据）。

在经典测验理论中，还有一些其他的一致性指标。在以建构为基础的测量理论中，这些指标也分别有对应的形式。例如，在分半信度系数（split-halves reliability coefficient）中，一个测量工具被分为不同（没有重叠的项目）但相似的两部分，这两部分之间的相关性经过调整后就是信度系数。调整的目的是计算当项目数量是分半后项目数量的 2 倍（即原来的整个量表的长度）时，信度是多少。这种调整是斯皮尔曼－布朗（Spearman-Brown）公式的一个特例。斯皮尔曼－布朗公式如下：

$$r' = \frac{Lr}{1+(L-1)r},\qquad\qquad\text{（公式 7.8）}$$

其中，L 是假定测验的项目数量与真实测验的项目数量之比（如果项目数量翻倍，则 $L=2$）。在建构模型的框架下计算分半信度系数，只需要用两个不同的项目集分别对每个被试的位置进行估计，然后计算这两个不同位置间的相关性，再进行相同的调整即可。

我们可以分别计算这些信度系数，计算结果有助于我们理解各种不同情况下使用该测量工具获得的结果的一致性。在实践中，影响信度的各种因素是同时存在的，因此最好有办法同时检查出这些因素。研究者们已经找到了一些方法，如：（a）概化理论（generalizability theory；Shavelson & Webb，1991）是对前面提到的方差分析法的扩展；（b）多侧面分析法（facets analysis；Linacre，1989；Wilson & Hoskens，2001）是对前面介绍的项目反应模型方法的扩展。

7.3　评分者间一致性

评分者对被试的反应进行评分时，会产生另一种测量误差，即评分者间的不一致性。导致这种不一致性的原因有很多种：（a）有些评分者未受过充分的培训，因此不会正确地利用评分指南；（b）评分者的严格程度存在差异，也就是说，对于同样的回答，有些评分者会比其他人给更高或更低的分数；（c）分数类别的使用存在差异，有些评分者更多或更少地使用极端的分数，此外还可能存在更复杂的分数类别的使用模式；（d）有些评分者表现出"光环效应（halo effects）"，即他们评的分数受到最近一次评分情况的影响；（e）有些评分者的评分严格性飘忽不定，倾向于使用极端分数等；（f）由于各种原因，有些评分者自身存在不一致性。

要减少评分者之间的不一致性，很重要的是要有一套好的评分者培训方案，以及有一套帮助管理者和评分者了解评分是否偏离目标的监测系统。好的培训方案应当包括以下这些内容：

1. 建构的定义等背景知识；

2. 让评分者有机会对大量的不同反应进行评分练习，范例中应包括可被明显归类的反应，以及分类不明确的反应；

3. 让评分者们有机会一起讨论他们对一些具体项目的评分，以及他们做出评分的理由；

4. 向评分者提供系统性反馈，告诉他们各自在评分练习中的准确程度；

5. 有一套对评分者进行考核的系统，可以判断评分者是否合格，不合格的评分者需要继续接受培训，或需要得到更多帮助。

虽然上述培训方案能够为评分者打下良好的基础，但是我们发现，即便有这样一个良好的开端，评分者仍然会很快偏离轨道（参见 Wilson & Case, 2000）。因此，还必须设置一个监测系统。一般来说，监测系统可以通过三种途径来监测评分者的工作：（a）将已经由专家评好分数的反应分发给评分者；（b）抽取部分评分者完成的评分，由专家再次评分；（c）将评分者的所有评分（成绩的分布情况）与其他评分者的评分进行比较。对这些方法的详细讨论超出了本书的范围，有兴趣的读者可以参阅 Wilson

和 Case（2000）的相关文献。

　　评分员完成评分工作后，测量者需要对这些评分进行总结，以了解评分者间的一致性程度。建构模型（Wilson & Case，2000）或概化理论框架下，有好几种方法来计算评分者间的一致性，具体计算方法不在本书的探讨范围内，在这里我们只简单介绍一些最基本的方法。要使用基本的方法，首先要收集评分者对相同反应的评分数据。然后将评分者的评分与专家（或专家组）的评分进行比较，或者在没有专家评分的情况下，与所有评分者的平均打分进行比较。专家评分和平均评分都是作为参照的，因此都被称为参照评分。

表 7.2　检验评分者一致性的数据格式

评分者 r 的评分	参照的专家评分				总计
	0	1	2	3	
0	n_{00}	n_{01}	n_{02}	n_{03}	n_{0x}
1	n_{10}	n_{11}	n_{12}	n_{13}	n_{1x}
2	n_{20}	n_{21}	n_{22}	n_{23}	n_{2x}
3	n_{30}	n_{31}	n_{32}	n_{33}	n_{3x}
总计	n_{x0}	n_{x1}	n_{x2}	n_{x3}	n_{xx}

　　表 7.2 展示了如何对比某一个评分者的评分与参照评分。在这个假定的案例中，一共有四种可能的分数类别。第一列表示评分者 r 的评分，后四列的最上面一行表示参照评分。表的主体部分记录了每个可能的组合出现的数量 n_{st}，即被评分者 r 评为 s 分，且参照评分为 t 分的项目数量。表中还展示了适当的边际值，并以记号"x"来表示对行或列（或者两者都是）的求和。P_{exact} 是一个直接解释一致性的指标，即评分者与参照系的评分完全一致的项目占所有评分项目的比例，也就是表 7.2 中主对角线上的所有单元格 n_{ss}（n_{00} 到 n_{33}）之和占总数 n_{xx} 的比例：

$$P_{exact} = \sum_{s=1}^{4} n_{ss} / n_{xx} \qquad （公式 7.9）$$

　　如果要把由偶然因素导致的评分一致的情况考虑进去，我们可以用另一种指标，即科恩发明的 Kappa 系数（Cohen，1960）。此外，一种不那么严密的一致性指标是计算评分相同及邻近类别的比例。不过，当类别数量较少时（如表 7.2），这种指标可能会得到过于积极的结果，因此在这种情况下我们不推荐使用。表 7.2 还可以用来研究评分者的不同评分模式：（a）对角线两边出现不对称表明评分严格程度与参照评分不同；（b）任何一端的数量相对较大或较小，则可能意味着评分员趋向用极限值或中间值。该表还可以用卡方分析或对数线性分析来检验（参见 Agresti，1984）独立性和其他模式。需要注意的是，用相关系数来检验评分者之间的一致性可能是一种有误导性的方法，因为计算相关系数时的标准化步骤会掩盖评分者之间严格程度的差异（即可能出现高相关性，但实际上某个评分者的打分系统性地偏高或偏低）。

7.4 提高信度的常用方法

增加题目的数量是一种非常有效的提高信度的方法。我们可以根据斯皮尔曼－布朗公式，大致估算在新增试题质量与已有试题基本相同的情况下，达到一定信度所需的题目数量：

$$由 \ r'=\frac{Lr}{1+(L-1)r}, \ L=\frac{n'}{n} 可得 \ n'=\frac{r'(1-r)}{r(1-r')} \cdot n \qquad （公式 7.10）$$

其中，r' 是理论上可以达到的信度，r 是目前量表的信度，n' 是理论上所需的题目数量，n 是目前量表中题目的数量。

尽管增加题目数量几乎总能有效地提高信度，但增加题目数量也意味着增加命题成本、测试时间、阅卷成本等，因此会受到资源条件的限制。利用试测数据分析结果，对照怀特图，有的放矢地增加某些难度区间的试题，一般来说比随机增加试题更能有效地提高信度。

其他常见的提高信度的方法还包括提高测试的标准化程度，降低物理环境（如噪声、气温等）对被试的干扰，降低评分员之间的差异性等。

7.5 其他参考资料

克伦巴赫（Cronbach，1990）非常全面地介绍了测量误差和信度的关系，这是关于信度的经典文献。该文中介绍了基于相关的信度系数（如重测信度和复本信度），提供了计算实例，并解释了如何计算相关系数和解读计算结果。罗德（Lord，1980）、怀特和斯通（Wright & Stone，1979）以及怀特和马斯特（Wright & Masters，1981）对项目反应模型框架下如何理解误差进行了进一步探讨。

7.6 课后练习

（接第一至第六章的课后练习）

1. 看看你之前用被测量者胡安（Juan）的数据得到的 GradeMap 的输出结果。检验胡安的研究中的测量标准误。它们是前面提到的 U 形吗？测量标准误足够小吗？

2. 指出 GradeMap 输出文档中分离信度和克隆巴赫 α 系数的位置，并对它们进行比较。

3. 设法找一个重测或复本数据，计算相关系数，并将其作为信度系数进行解释。

4. 你打算如何收集关于测量工具的信度信息？写下你的计划。

5. 仔细考虑你在编制测量工具时如何应用前面章节介绍的步骤，并记录你的具体计划。

6. 与你们小组的成员讨论你的计划、进展，以及出现的问题。

第八章　效　度

这是质和量的交汇之处。

——史蒂文·摩尔（2002 年 4 月）

8.0　本章概览和关键概念

测量内容

反应过程

内部结构

外部结构

影　响

　　如果一个测量工具实现了测量者的设计目标，即成功地测量了它计划要测的建构，使用的情境也符合测量者的预期，那么这个测量工具就是有效的。在测量工具的使用过程中，测量者需要收集证据来证明该工具的效度（validity）。本章主要阐述了证明一个测量工具的效度的各种方法。传统的观点认为，效度由若干部分构成，比如基于标准、内容以及建构效度的证据（美国教育研究协会、美国心理学学会、美国国家教育测量委员会，1985；Cronbach，1990），又或者如基于测量内容、反应过程、内部结构、与其他变量间的关系以及测验影响的证据（美国教育研究协会、美国心理学学会、美国国家教育测量委员会，1999）。本书的重点是收集一系列各类的效度论据，来证明测量工具的使用是否符合预期。本章将按照上述的第二种效度的分类来依次进行阐述。

收集效度证据并不是一劳永逸的事。在测量工具的编制过程中，效度证据可以帮助测量者了解工具是否按照预期发挥功效。即便证据表明测量工具未能实现设计目标也没有关系，这些证据让测量者意识到工具存在一些问题，在下一轮编制和修改中就可以想办法解决这些问题。

8.1　基于测量内容的证据

要收集基于测量内容的证据，我们必须分析测量工具的内容与所要测量的建构之间的关系（美国教育研究协会、美国心理学学会、美国国家教育测量委员会，1999，p. 11），同时对这一关系进行解释。这是本书第一章到第五章主要阐述的内容。如果读者已按照前面章节所述的步骤操作，就应当能够进行适当的分析。分析得越详尽，对测量工具的结构也就有越清晰的认识。

按照本书第二章到第五章的步骤进行学习和操作，我们会得到如下结果：（a）建构的定义，以及建构的直观表征——建构图；（b）描述测量工具的项目——项目设计；（c）将反应分类，并进行评分的策略——结果空间；（d）从技术上标定建构——怀特图。

因此，事实上本书第二章到第五章描述的步骤也相当于在收集测量工具的内容效度证据。内容效度是其他效度证据的基础，从某种意义上讲，证明测量工具有良好的内容效度也是其他方面效度检验的目标。本书用四章的篇幅来阐述内容效度，而其他方面的效度仅分别占本章的一节，足见内容效度的重要性。基于测量内容的效度证据是不可或缺的，因为它包含了建构的实现过程，对建构的体现程度也是其他效度证据的核心（甚至包括信度在内）。

8.2　基于反应过程的证据

要收集基于反应过程的效度证据，测量者需要在被试填答测验时进行"大声思考"，或在填答结束后进行"出口访谈"，从而对被试的反应进行详细分析。本书第三章（3.4节）中详细描述了此类工作。采用这种方式收集到的证据，以及完成工具编制后进行的类似研究中收集到的相关信息，都可以作为这一类的效度证据。本书第三章（3.3节）还介绍了针对项目类型的类似调查，这方面的工作也是有意义的，在此不再赘述。这并不是说与其他类别的效度证据相比，此类证据不重要。证据的重要性不能仅仅根据章节的篇幅来判断，相反，基于反应过程的证据非常重要，我们没有把它留到这一章再讲，而是在前面的章节进行了详细介绍。

与内容证据一样，基于反应过程的证据对保障测量工具的可靠性极为重要：除了它本身可直接作为效度证据外，它与其他效度证据也是密不可分的。

8.3　基于内部结构的证据

要收集基于内部结构的效度证据，在设计测量工具时测量者首先需要确信，测量工具是有预设内部结构的。某些领域的测量工具在设计之初并没有这一理念。但如果测量者完成了本书第二章到第五章的步骤，测量工具就必然会有一定的内部结构，也就是建构的结构。比如，建构可以分为若干个水平，不同水平的排序就像建构图中显示的那样，从低到高、从易到难，或从正到负。

8.3.1　基于建构图的证据

我们采用第五章介绍的测量模型对测验数据进行分析，可以获得怀特图。如果怀特图显示的实证结果与建构图中的理论期望是一致的，就能有力地证明量表的内容结构符合预期。

以"PF-10"的建构图为例（Raczek 等，1998）。图 8.1 是一个不太规范的建构图，图中所示的项目的位置是两个步骤参数的均值（参见公式 5.8～5.11）。横轴是项目的顺序，难度从低到高（图中从左到右）依次是：洗澡/穿衣，走过一个街区，走过几个街区，走 1600 米以上的路，俯身、跪或弯腰，爬一层楼梯，爬几层楼梯，提或搬运杂物，适度的运动和剧烈运动。这一排序来自实证数据。但以实证数据为依据，对项目进行排序的情况比较少见。测量者通常更多地依赖于相关理论和逻辑论证。为了体现建构图的理论期望与怀特图的实证结果之间的一致性，我们把"PF-10"的建构图中的期望顺序与图 5.10 所示的怀特图中的项目的实际难度估值进行比较（基于

McHorney 等人的数据，1994)。

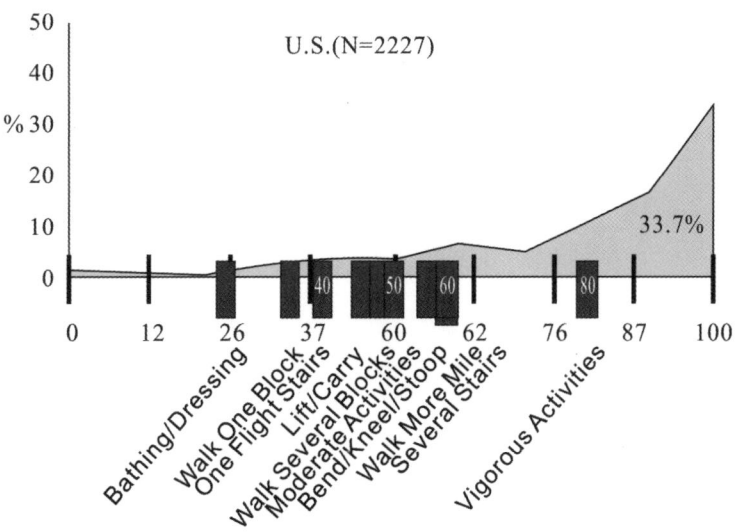

图 8.1　"PF-10"的建构图（摘自 Raczek et al.，1998，p. 1209)

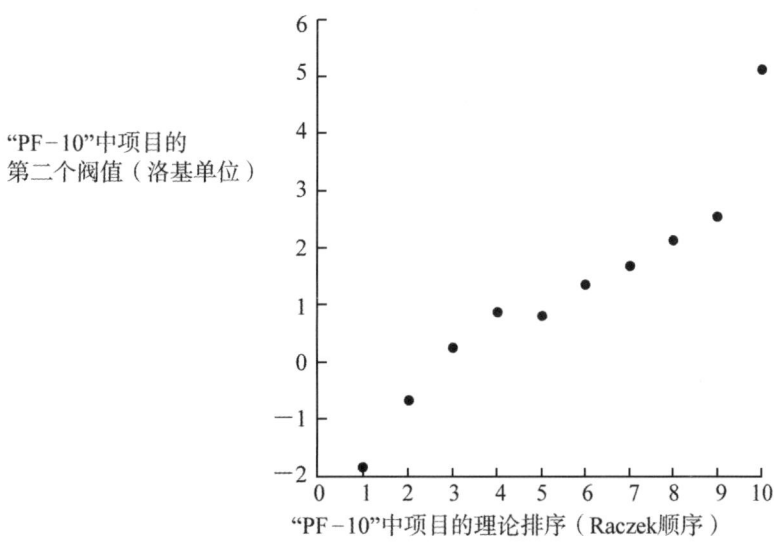

图 8.2　图 8.1 中项目的理论排序与图 5.10 中项目的第二个阈值的对比

　　图 8.2 展示了被测量者瑞克扎克（Raczek）的理论期望顺序和根据测量数据估算出的项目的第二个阈值。如果两者的顺序相同，那么散点图上从第一个项目到最后一

个项目的连线应该是单调递增的。在这个例子中,除了在第四个项目(提或搬运杂物)与第五项目(走过几个街区)间出现小幅度递减外,其他项目都符合要求,且这一波动与项目的标准误相比可以说是微不足道的。可见,尽管存在一些微小的差别,理论预期与实际的顺序十分接近。

在这里,我们可以用斯皮尔曼的"等级相关系数"(Spearman rank order correlation, ρ)将怀特图中的估计值与图 8.1 所示的期望顺序之间的关系进行量化。等级相关系数的公式为:

$$\rho = 1 - \frac{(6 \sum D^2)}{(I(I^2 - 1))},$$ (公式 8.1)

其中,D 是图 8.1 和图 5.10 中对应项目的等级差,I 为项目的数量。最后计算出的结果为 0.99。[①] 由这个相关系数可知,理论与实际排序几乎一样。在此需要说明的是,图 8.1 所示的期望值是基于理论的定性判断——这种判断最多只能给出项目的排序,因此应当采用等级相关系数来计算两个排序之间的关联性。由于图 8.1 所示的期望值是建立在诸多研究者多年进行的多项研究积累之上的(关于这一历史的详细探讨可以参阅 Ware & Gandek,1998),因此测量者能得到如此高的相关系数也就不足为奇了。

如果相关领域没有那么好的研究基础,你所编制的测量工具是这个领域的首例,且事先没有数据可以进行标定,那么即便发现理论期望的项目难度排序和标定值间的等级相关性非常低,也是情理之中的。等级相关系数要多高才算足够好、可以被接受,目前并没有一个固定的标准。因此,只有当相关性很低或负相关时,我们才能确定有问题,需要重新考虑建构的理论。例如,测量者可以对项目重新排序,然后把它当作建构的另一种理论假设,再计算这种理论假设下的等级相关性。此外,在相关系数低于预期时,测量者也可以重点关注排序上存在较大差异的项目。需要注意的是,项目难度的标定值是估计值,而非绝对值,估计值通常有一个置信区间。纯粹基于理论的期望值是没有置信区间的,在进行解释时需要考虑这一点(参见下一段)。当然,如果测量者要修正建构的理论,那么最好的办法是采用第三章的策略,并对项目进行相应的修改。

可能有人会问:测量工具编制过程中一轮又一轮的修改与效度有什么关系呢?诚

---

① 计算过程参见第八章附录。

然，测量者通过实证数据不断修正建构，看起来等于作弊，比如，我们按照标定值修改完建构之后，得到的相关系数怎么可能不高呢？有不少人是从这一角度来解读效度证据的。但事实上，这种看法与效度检验的目的是背道而驰的。从这种效度的不利证据中，我们至少可得出三种不同的结论：（a）关于建构的理论在某种程度上是错误的（即回到第二章）；（b）为匹配建构而编制的项目没有起到预期的作用（即回到第三章）；（c）项目的评分方法不合理（即回到第四章）。

　　这三种问题，我们在之前的案例中都可以找到。完成本书第一章里概述的、第二章到第七章里详细阐述的这些步骤本身并不是目的。事实上，任何一个高质量的测量工具都是基于步骤，且重复其中部分或全部步骤若干次后才产生的。在此过程中，收集证据（效度和信度）是帮助我们修改工具、提高工具质量的有效手段。对测量工具的总结性的效度验证最好要等到测量者确定之前对建构的研究已经相当扎实之后再进行。

　　对项目排序的期望有时也可以建立在已有研究的标定基础上，例如我们上面用到的例子中，可以将麦克霍尼等人的数据与瑞克扎克等人的数据进行比较。这时我们也可计算皮尔逊（Pearson）相关系数。计算相关系数时要注意考虑诸如位置之间的相对差异这样的信息。在这个例子中，皮尔逊相关系数也为 0.99。[①] 由此可见，这两个指标的结果是一样的。有时，我们还想更详尽地研究某些特定参数阈值间的关系，例如，在两组数据中"提或搬运杂物"和"走过几个街区"标定的位置是否存在显著差异。瑞克扎克（Raczek et al.，1998）的原文为，这两个项目的位置在转换后的洛基单位量表上分别为 47 和 45，标准误均为 1。因此，这两个项目位置的 95% 置信区间约为（45，49）和（43，47）。重叠的部分显示，没有证据表明这两个项目位置绝对不同。用麦克霍尼数据中的项目估值（见附录 2）进行类似的计算，也可以得出相同的结果。这意味着我们无法下结论说哪一个项目的阈值高于另一个，因为它们大致在相同的位置。因此，在计算等级相关系数时应该将这两个项目的秩次设为相等（每个等级为 6.5，这样计算出相关系数为 1.0），而不是试图去阐释它们之间的区别。

　　还有另一种项目标定的结果也意味着项目没有完全达到测量者的期望。第五章在介绍测量模型时提到，当被试的能力接近项目的位置时，估值会更精准（在第六章详

---

① 图 8.1 中阈值位置见 Raczek 等（1998）"US." 标题下表 3。图 5.10 中阈值位置见附录 2。

细介绍了）。由此，我们可以得出一个关于测量工具质量的通用准则：项目的分布应该"覆盖"被试能力分布的范围。一般来说，当项目位置覆盖全体被试时，测量工具能更好地评估所有被试的水平。当项目覆盖的区域出现大量空白时，意味着处于空白部分的被试的水平无法被很好地测量出来。以图 5.10 所示的"PF - 10"结果为例，项目阈值很好地覆盖了被试的分布范围，只是两端略微不理想。身体机能很差的人只有一个适合的项目，即"洗澡/更衣"。身体机能非常好的人也只有一个适宜的项目，即"进行高强度活动"。因此，我们建议在建构的两端（最高和最低水平处）添加一些体现更高和更低机能的项目。

8.3.2 基于项目设计的证据

建构效度问题与项目设计和建构图紧密相连。在项目设计中，首先要求项目所体现的水平与整个测量工具的结果是一致的（当然，如果是反向计分题，则相反）。对项目设计的第二个要求则与"项目功能差异"有关。

项目分析 单个项目与整个测量工具的一致性反映在被试在该项目上的表现与他在建构上的水平是否一致，也就是说，在建构上水平越高的被试，在每个项目上的得分通常也越高。对某一个项目来说，我们可以比较得到不同分数的被试在怀特图上的平均位置，如得 1 分的被试的平均位置（即被试的平均能力估值）高于得 0 分的被试，以此类推，随着分值增加，考生的平均位置更高，也就说明项目设计符合预期。以"PF - 10"的结果为例，从表 8.1 中可以发现，对每一个项目来说，随着分值增加，被试的平均位置都明显升高。

如果测量者发现某个项目并非如此，就应该检查那个项目，看是否有合理的解释（并仔细查看出现不一致的分数是否能提供一些线索）。表 8.1 中还给出了"被试是否选择"选项（记为"0"和"1"）与被试的原始总分间的"点二列相关系数"（Pt-Biserial）。这个传统的指标也试图传达同样的信息，但其解释并不是那么明确。例如，在项目 9 中，每个分值的被试的平均位置按预期增加，但反应类别 1 和反应类别 2 的点二列相关系数并无显著差异。由此可见，通常情况下平均位置比点二列相关系数更容易解释。

表 8.1 "PF－10"中项目的统计分析

统计量	反应类别		
	1	2	3
项目 1			
总样本量	1043	874	137
百分比	50.8	42.6	6.7
点二列相关系数	−0.63	0.53	0.20
平均位置	0.15	2.87	3.28
位置的标准离差	0.64	0.91	1.00
项目 3			
总样本量	213	615	1226
百分比	10.4	29.9	59.7
点二列相关系数	−0.57	−0.37	0.70
平均位置	−1.79	0.28	2.72
位置的标准离差	0.70	0.62	0.88
项目 5			
总样本量	137	511	1406
百分比	6.7	24.9	68.5
点二列相关系数	−0.53	−0.51	0.76
平均位置	−2.39	−0.29	2.56
位置的标准离差	0.76	0.60	0.85
项目 7			
总样本量	527	704	823
百分比	25.7	34.3	40.1
点二列相关系数	−0.76	0.07	0.60
平均位置	−1.04	1.48	3.19
位置的标准离差	0.64	0.68	0.97
项目 9			
总样本量	117	305	1632
百分比	5.7	14.8	79.5
点二列相关系数	−0.51	−0.52	0.75
平均位置	−2.56	−0.90	2.26
位置的标准离差	0.78	0.60	0.82

项目功能差异 测量工具一般会被用来测很多人，因此项目设计的第二个要求就是，对于来自不同群体但能力相同的被试，项目的功能相同。也就是说，对于同一样本中的不同群体，测量工具中不能出现"项目功能差异" （differential item functioning，以下简称 DIF）。同一样本中的不同群体一般是指不同性别、种族或社会经济地位的群体，在某些具体情形下也可能有其他的分组方式，例如在某项研究中区分出来的不同群体（如采用不同认知策略的被试群体），甚至是按照得分进行的分组。尽管不同的分组方式也很有意思，但它们不是本节的重点。

要理解 DIF，首先必须将 DIF 和另一个容易混淆的概念进行区分。在分析项目的过程中，我们可能会发现不同群体的被试在某个项目上的反应不同，如果这种差异是不同群体间客观存在的水平差异，那么这个项目对这些群体有"差别效应（differential impact）"。而 DIF 研究的是不同群体但水平相同的被试在某个项目上是否做出了相同的反应。例如，在"PF‑10"中，对"走过几个街区"这个项目，从事管理工作的群体觉得较难，而从事体力工作的群体觉得容易一些。这两个群体选择不同选项的比例差异，体现的是测量结果的不同，也就是差别效应。但 DIF 的问题却不是由被试在建构上的水平引起的。在这个例子中，如果从事体力工作的群体比从事管理工作的群体受的伤更多，项目反应就体现了受伤造成的身体机能的差异，从而造成 DIF。DIF 和差别效应的核心区别在于，DIF 研究的是在控制条件下对比的这两个群体的身体机能水平。换句话说，测量者需要比较两个群体中水平相同（处于建构图相同位置）的被试是否有相同的反应。

检查一个项目是否存在 DIF 问题，有几种不同的方法，比如基于线性回归或逻辑回归的方法、基于对数—线性模型的方法（参见 Holland & Wainer，1993）。本书中，我们要介绍的方法以第五章中的测量模型为基础。一方面是因为这样可以与本书其他的量化分析方法保持一致，另一方面也是因为这种方法相当简单，最方便的做法就是分别对两个群体的数据进行变量标定，再对比两组的项目参数估计值，做差异性检验。如果存在显著的差异，该项目就存在某种形式的 DIF。

我们以"PF‑10"的结果为例，进行 DIF 检验。对男性和女性两个群体分别进行标定后，第一、第二个阈值的结果分别如图 8.3 和图 8.4 所示。[①] 在两图中，不同性别的阈值估计值看起来比较接近。但要判断这些项目是否存在统计意义上显著的 DIF，

———————————

① 阈值及其标准误见附录 2。

需要检查两群体的项目阈值的 95％ 置信区间是否存在重叠（见附录，表 8A.2），如果没有重叠，则说明存在 DIF。我们对比两组阈值的置信区间后，发现结果与图 8.3 和图 8.4 大不相同：大多数项目（除项目 8 和项目 9 外）的第一个阈值存在统计上的显著 DIF；但所有项目的第二个阈值间都不存在 DIF。这个结果让人惊讶，因为即便是从表 8A.2 中的阈值洛基单位来看，两组的差异也并不太大。这种现象与阈值的定义方式有关：当阈值（第一个阈值、第二个阈值等）递增时，它们表征的信息也在逐步增加，阈值估计的误差往往也不断增大（95％ 置信区间也就相应增大）。

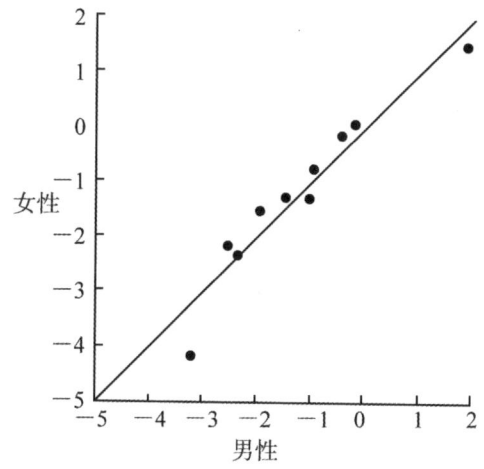

图 8.3　项目功能差异检验（比较项目的第一个阈值）

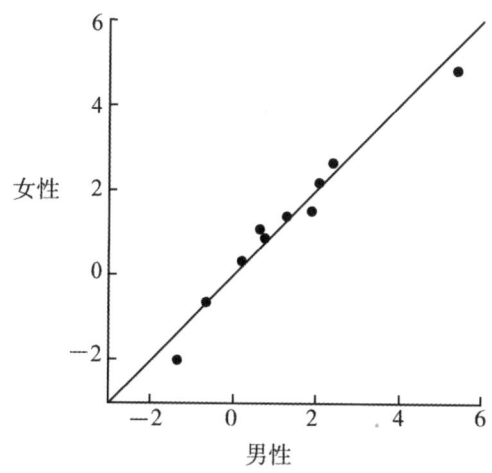

图 8.4　项目功能差异检验（比较项目的第二个阈值）

在进行统计显著性的研究时，往往还需要考虑效应量的大小。朗福德、霍兰德和塞耶（Lonford, Holland & Thayer, 1993）提出了关于 DIF 效应量大小的标准。佩克（Paek, 2002）随后在罗氏模型的分析框架下做出了修正：当洛基值的差异小于 0.426时，项目的 DIF 较小，可以忽略不计；当洛基值的差异在 0.426 和 0.638 之间时，项目存在中等大小的 DIF；当洛基值的差异大于 0.638 时，则项目存在严重的 DIF。将这些标准应用于上面的"PF-10"的例子，从表 8A.2 中我们可以看出：只有一个项目的阈值存在中等大小的 DIF，即项目 1 的第二个阈值；只有一个项目的阈值存在严重的DIF，即项目 10 的第一个阈值。要解释为什么这两个项目会出现 DIF，我们需要重新回到步骤参数估计值（参见附录 2）。在这两个项目中，阈值间差异最大的是项目 10 的第一个步骤，女性和男性在这一步骤上的参数估计值分别是 -4.06 和 -3.05，洛基值的差约为 1。当总体身体机能相同时，相比男性，女性在"自己洗澡或穿衣"这一项目上更容易认为"有点受限"而非"很受限"。有可能是男性对洗澡或穿衣过程中存在的问题更有可能表达不满，抑或是男性对完成洗澡或穿衣活动的要求比女性更高。要了解这一差异的效应量大小，需计算对数优势比（log-odds），也即被试位置参数与相关步骤参数之差（见公式 5.6 等）。此处这两个对数优势比的比值可表达为：

$$\lg\left[\left(\frac{"kuttke"_{male}}{"lot"_{male}}\right)/\left(\frac{"kuttke"_{female}}{"lot"_{female}}\right)\right] = (\theta - (-3.05)) - (\theta - (4.06))$$

（公式 8.2）

$$= -1.01$$

将对数优势比转换成优势比（odds）后，结果为 $e = 0.36 : 1$ 或者 $1 : 2.77$。也就是说，身体健康水平相同的被试中，大约有 3 个女性会选"有点受限"而不是"很受限"，而只有 1 个男性会选择"有点受限"。同理，计算项目 1（阈值差第二大的项目）的第一个步骤得出优势比为 $1.51 : 1$。也就是说，身体健康水平相同的被试中，选择剧烈活动时"有点受限"而非"毫不受限"的男性是女性的 1.5 倍，可见男性（在身体机能相同的水平下）似乎比女性更有可能承认在剧烈活动上有问题。这些比率就是两组差异的效应量的大小。这些数值的重要性往往还需要根据实际情境来判断。在项目 1 中，DIF 是否重要可能值得商榷，但项目 10 的结果差异非常大，因此这道题的 DIF 不应被忽视。

一旦测量者检测出某个项目存在 DIF，接下来可以从以下几方面进行思考。首先，检测出的 DIF 是否有现实意义。正如本节开头提到的，被试可以按照不同的标准来分组，有些组间的项目功能差异在现实中并不涉及重要的问题（如考试的公平性等）。要知道，对任何一个项目而言，我们几乎总能找出某种分组的办法使项目出现 DIF。对于存在 DIF 的项目，我们面临的选择和处理一个拟合不好的项目是一样的。我们先要确定 DIF 不是因随机波动而出现的，而是确实存在的。和拟合问题一样，我们可以通过以下步骤来排除随机波动的情况：（a）重复抽样，（b）建立能够解释这个项目出现 DIF 的"理论"。如果测量者确定某个项目存在 DIF，最好的解决方案是重新编制没有 DIF 的新项目来替换它。有时，存在 DIF 的项目也可能无法被替换，那么测量者必须想其他的办法来解决这一问题。一种可能的技术解决方案是测量者对两组被试分别使用两套不同的标定。但由于这种办法不能保证公平性，又很难解释和对比两组被试的测量结果，因此很少被采用。

8.4　基于建构与其他变量的关系的证据

如果某个测量的结果与其他外部变量理论上存在相关性（其中一个变量可以预测另一个），或是有另一个测量工具也是测量相同或类似的建构，那么我们可以将建构与这些外部变量间的相关性当作效度证据。当然，有其他工具也在测同一建构的情况比较少，已有测量工具时，人们往往就没有必要再开发一种新的测量工具了，直接用现有的即可。对于心理和健康方面的测试，典型的外部变量包括临床诊断、病历或记录和自我报告等。对于学生学业水平方面的测验，典型的外部变量包括其他测验的分数、教师评价和总评成绩等。对于工作相关的测量，典型的外部变量包括管理者的评级与绩效指标等。外部变量的另一来源是干预实验研究，如果测量者有充分的理论根据，证明某种干预可以影响被试在建构上的水平，那么干预组和对照组之间的差异可以作为外部变量。需要注意的是，根据理论，测量结果和外部变量之间的相关性可能是正的或负的，也可能为零。证明该测量工具准确反映了建构的证据，被称为"收敛性证据（convergent evidence）"，测量结果和外部变量之间的相关性可以是正的，也可以是负的。证明该工具没有去测量建构以外的证据这类证据也同样重要，这类证据被称为"区分性证据（divergent evidence）"，此时测量结果和外部变量之间的相关性为零。

　　反映测量结果和外部变量的关系比较直观的指标是估算出的被试水平与外部变量间的皮尔逊相关系数。当外部变量是二分变量时，则可以比较均值的差异，并通过 t 检验看差异是否显著。除计算量化指标外，画关系图也是一种有效的方式。例如，在"PF‑10"的数据中，有被试年龄这一变量。对老年人来说，身体机能会随着年龄的增长而衰减；而对于年轻人，这种趋势则并不明显。因此，我们应该可以看到调查结果（即身体机能状况）与年龄总体上呈负相关，当年龄较长时负相关较强，而年纪较轻时负相关相对较弱。分析数据后，我们发现整体相关系数为 −0.26，且在 0.05 水平上具有显著的统计意义。① 随后，我们画出了由调查得到的身体机能估计值与年龄之间的关系图（图 8.5）。图中的直线是最优线性拟合，曲线是最佳二次曲线拟合，散点图表示的是实际的数据点的分布。正如我们预期的那样，当被试的年龄超过 60 岁时，年龄与身体机能间的微弱线性关系变成了更陡的二次关系（收敛性证据）。而在年轻人和中年人中，两者间几乎没有关系（区分性证据）。

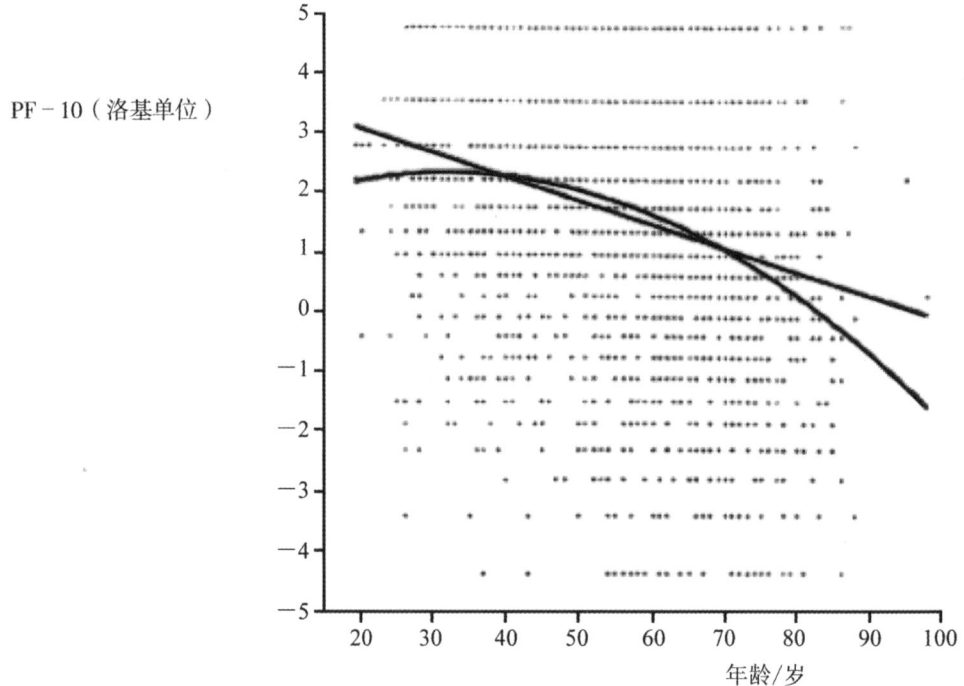

图 8.5　PF‑10 量表与年龄之间的关系（线性和二次）

———————————

① 相关关系的近似标准误是 $(N-3)^{-\frac{1}{2}}$（其中 N 为样本量）。

8.5　基于测量工具的使用所带来的影响的证据

不论我们通过前面提到的几类方法收集到了多少证明效度的证据，如果发现正常使用某一测量工具会产生负面的影响，那么影响效度就成为我们考虑是否可以使用该测量工具时的首要因素了。要确定负面影响是否由这个特定的测量工具引起，我们可以在相同的情境下尝试使用别的工具，看能否得到不同的结果。如果使用任何测量工具都会导致相似的负面影响，那么问题的根源就不在测量工具本身，而在这个建构的使用，这种情况我们在本书中暂不深入讨论。测量工具的影响效度，可以被视为所有其他类别效度证据的补充。

前面我们介绍的四种效度论据，分别是对测量工具效度某个局部的调查，效度研究可以由无数这样的调查组成。而最后的对影响效度的调查则让人们换一个角度来审视测量工具：有时候好的意图和严谨的方法并不足以保障测量工具的效度（关于这方面的讨论参阅 Linn，1997；Mehrens，1997；Popham，1997；Shepard，1997）。

测量者开发的测量工具总是服务于某种目的的，测量结果必然会产生一些影响，因此测量者应该监测测量工具是否被正确使用且产生积极的效应。这也许是任何领域设计产品的惯例，但这一点在测量领域尤其重要。设想一下，一个工程师建造一座桥梁，如果桥倒塌了，每个人都可以看到工程师的失败。然而对于一个测量工具，人们却很难看出"桥梁坍塌"。测量工具常常会成为决策的依据，甚至是唯一的依据，有时测量工具被作为唯一的手段来定期收集数据。因此，要发现使用测量工具所带来的问题可能相当困难。测量结果通常被用来进行某种专业判断，如果测量结果的使用带来负面的影响，那么使用该测量工具的专业人士和被这个测量工具测评的人，都会受到影响。因此，测量者必须关注测量带来何种影响。

另外还有几点需要进行补充说明。首先，我们说的关注测量带来的影响，是指正常使用测量工具时带来的影响，不包括滥用、误用测量工具的情况。出现滥用、误用时，问题不在于测量者，而在于使用者没有按照测量者的说明来实施测量。当然，如果测量工具的设计者并没有就工具的适当用途提供充分的信息，确实会导致滥用、误用现象的发生。其次，测量工具在某一特定用途上产生的积极影响，不能推广到其他使用情境中。同样地，测量工具在某一特定用途上产生的负面影响，也不应推广到其他使用情境中。

8.6　进行效度论证

要对测量工具的效度进行完整而坚实的论证，就需要将之前阐述的所有类型的效度证据都用上。需要注意的是，我们并不只是把各种类型的效度证据罗列在一起，而应该重视它们之间的联系。内容效度是其他各类效度的基础，在一定程度上决定了其他效度论据的结构。关于反应过程的效度证据，是对被试在做出反应时的认知过程的微观研究，这既可为测量工具的使用提供支持，又可为测量工具的修改提供信息。关于内部结构的效度证据也非常重要，这部分证据所描述的内部结构，实际上就是内容效度论据中论证的建构在测量工具操作中的实现形式。如果有坚实的理论和实证的依据作为基础，测量工具所测量的变量与其他外部变量间的关系就可以用来检验效度。需要注意的是，使用这种形式的论据要小心审慎。例如，如果所有的内部效度证据都支持使用该测量工具，但发现它与一个外部变量不存在相关性，那么测量者可以把这视为一项研究发现，而不是有悖于效度的证据。最后，关于使用测量工具的影响方面的证据，是对其他方面效度验证中未曾检查到的问题的很好的补充。对测量者而言，在效度验证过程中，可以采取的最佳态度就是谦虚地承认现实世界比他所能预想的要复杂得多。

8.7　其他资料来源

本章的主要资料来自最新版的《教育和心理测验标准》（*American Educational Research Association*，*American Psychological Association*，*National Council for Measurement in Education*，1999）。关于效度证据的观点还可参见克伦巴赫（Cronbach，1990），虽然克伦巴赫这篇文献是比较久以前发表的，但其中的观点和方法至今仍十分有用。

8.8　课后练习

（接第一章至第七章的课后练习）

1. 你已经描述了你的建构、建构图、项目设计以及结果空间。结合这些描述，进行内容效度的论证。

2. 选择一个效度研究的例子，研读作者是如何收集和使用效度证据的，并进行评论。

3. 写出你收集效度证据的计划，务必囊括所有可能的效度证据类型。

4. 参考编制测量工具的步骤，仔细思考你进行效度验证的步骤，并写出你的计划。

5. 和小组成员讨论你的计划与进度，以及出现的问题。

附录：等级相关系数与项目功能差异的计算

等级相关系数

将图 8.1 和图 5.10 中"PF - 10"的第二个阈值在两组中进行排序（表中分别用 Raczek 和 McHorney 表示），制成表 8A.1，并用公式 8.1 进行计算。

表 8A.1　等级相关系数的计算

阈值	等级		等级差	
	McHorney	Raczek	D	D^2
进行剧烈的运动	1	1	0	0
爬几层楼梯	2	2	0	0
走 1600 米以上的路	3	3	0	0
俯身、跪或弯腰	4	4	0	0
进行适度的运动	5	5	0	0

续表

阈值	等级		等级差	
	McHorney	Raczek	D	D^2
提或搬运杂物	6	7	−1	1
走过几个街区	7	6	1	1
爬一层楼梯	8	8	0	0
走过一个街区	9	9	0	0
自己洗澡或穿衣	10	10	0	0
合计				2

$$r = 1 - \frac{6\sum D^2}{I(I^2-1)} \tag{8A.1}$$

$$= 1 - \frac{6\times 2}{10\times(100-1)}$$

$$= 1 - \frac{6}{495}$$

$$\approx 0.99$$

项目功能差异（DIF）

要检验项目是否存在 DIF，可以先列出两组分别进行分析后得到的项目阈值和标准误（如表 8A.2）。通常，测量者需要将两个量尺转化到同一量尺上，但这个例子中，参数的均值和标准差很接近（见表 8A.2 的底部），因而不需要进行这一步操作。表中用常规的方法计算了 95％置信区间，然后检查两个置信区间是否存在重叠。本例中，只有项目 1 和项目 10 的第一个阈值存在显著的统计差异。

表 8A.2　检验项目功能差异

项目	女性				男性				洛基差异
	阈值	标准误	95％置信区间		阈值	标准误	95％置信区间		
			下限	上限			下限	上限	
阈值 1									
1	1.47	0.06	1.36	1.58	1.88	0.07	1.75	2.02	−0.41
2	−1.30	0.06	−1.40	−1.19	−1.03	0.07	−1.18	−0.89	−0.27
	−1.55	0.06	−1.65	−1.44	−1.95	0.07	−2.09	−1.80	0.40

续表

项目	女性				男性				洛基差异
	阈值	标准误	95％置信区间		阈值	标准误	95％置信区间		
			下限	上限			下限	上限	
4	−0.16	0.06	−0.26	−0.06	−0.45	0.07	−0.57	−0.32	0.28
5	−2.18	0.06	−2.30	−2.06	−2.56	0.08	−2.71	−2.40	0.38
6	−1.29	0.06	−1.40	−1.18	−1.48	0.07	−1.61	−1.35	0.19
7	0.06	0.06	−0.05	0.17	−0.18	0.07	−0.32	−0.04	0.24
8	−0.78	0.07	−0.91	−0.65	−0.95	0.08	−1.11	−0.79	0.17
9	−2.36	0.08	−2.51	−2.21	−2.39	0.10	−2.59	−2.20	0.03
10	−4.19	0.09	−4.36	−4.02	−3.23	0.11	−3.44	−3.01	−0.96
阈值2									
1	4.86	0.15	4.57	5.15	5.37	0.18	5.01	5.73	−0.51
2	1.43	0.14	1.15	1.71	1.29	0.18	0.94	1.63	0.14
3	1.05	0.15	0.76	1.33	0.63	0.19	0.25	1.00	0.42
4	2.66	0.14	2.39	2.92	2.37	0.17	2.04	2.70	0.29
5	0.33	0.15	0.03	0.63	0.14	0.21	−0.26	0.55	0.19
6	1.56	0.14	1.27	1.84	1.84	0.18	1.49	2.18	−0.28
7	2.19	0.13	1.93	2.45	2.03	0.16	1.71	2.35	0.16
8	0.88	0.14	0.61	1.14	0.74	0.18	0.40	1.09	0.13
9	−0.64	0.17	−0.97	−0.31	−0.67	0.22	−1.10	−0.24	0.03
10	−2.03	0.22	−2.46	−1.60	−1.41	0.25	−1.91	−0.92	−0.62
均值	0.00				0.00				
标准差	2.09				2.07				

第四部分

开始，而非结束 >>

第九章　测量的后续步骤

9.0　本章概览和关键概念

认知心理学基础

统计模型与建构的一致性

BEAR 测评体系

本章主要对前八章阐述和讨论的内容进行拓展。到目前为止，读者们已经阅读了大量与测量有关的文献资料，在实际情境中也进行了测量实践，并认真思考了由实践引发的理论问题。通过这一系列的努力，可以说读者已初步进入测量的专业领域。不过，由于本书尚未涉及深层次的理论及实践模式，对文献的探讨也不够深入，因此，本章将继续介绍几个探索的方向，供读者在未来进行拓展、加深理解并积累更多的经验。这几个探索的方向是对书中四个构建模块的延伸。例如：

1. 读者可以把认知心理学中的相关研究成果作为画建构图的理论依据，或者作为刻画更复杂的认知结构的依据。当然，人们的认知结构常常比一般的建构图复杂得多，甚至无法用建构图来表示（参见 9.1 节）。

2. 寻找更恰当的、与建构更匹配的统计模型来分析数据，并讨论本书尚未涉及的其他测量问题（参见 9.2 节）。

3. 可以更深入地在某个具体的应用领域进行测量实践。在对该领域进行更细致、透彻的研究基础上，设计出更多不同类型的项目设计和结果空间（参见 9.3 节）。由于能应用测量学知识的领域非常多，本章无法一一列举，在这里我们只举了一个教育评价方面的例子。

4. 本章的"其他参考资料"部分内容较多，除了本书所介绍的测量模型外，我们还把目光投向了其他理论和观点，并探讨了更广泛的测量理论上的可能性（参见 9.4 节）。

接下来，我们将对以上四个可能进行扩展的方向分别进行介绍。

9.1 超越建构图与认知心理学的关联[①]

认知心理学理论的建立是为了解释人们的知识结构是如何发展的，例如解释人们是如何逐步理解某领域或某学科中的相关概念，或是如何习得解决该领域中的问题的方法等。认知心理学这一学科力图了解知识是如何被编码、储存、组织和提取的，以及当人们学习一个概念时，不同类型的内部表征如何被创建（全国研究委员会[②]，1999）。认知理论的一个主要观点是：人们是通过尝试将新的信息与现有知识关联，来构建他们对新信息的理解的。

对认知心理学家而言，认知不仅仅是对事实性信息和常规方法的积累，还意味着能够结合已有的知识、技能和方法，解释新情况、解决新问题。因此，在对认知方面的建构进行测评时，我们不应该过分强调对基本信息和技能的掌握，这些基本信息和技能应当被视为被试进行更有意义的活动的支撑。正如威金斯（Wiggins，1989b）所指出的那样，孩子们学习一项运动时不仅要练习各个拆分动作（例如，足球运动中的运球、过人和射门），还要通过实际比赛进行进一步学习。

早期的差别情绪理论（Carroll，1993）和行为主义（Skinner，1938）的研究都侧重于被试掌握知识的程度，而认知理论则强调被试所掌握知识的类别。在认知理论的框架下，我们不但要评估被试知道多少，还要评估他们在什么时候以及如何使用他们所知道的知识。因此，从这个角度来看，传统测验只记录被试答对或答错多少道试题的做法就显得有些不足了。此外，测量者还需要获得被试如何得出这些答案以及他们如何理解基本概念等信息。为此，测量者需要设计更复杂的项目来发掘有关思维策略、认知发展的信息。

9.1.1 认知心理学对测量的启示

认知心理学着重研究知识在人脑中的表征、组织和加工的方式（全国研究委员会，

---

① 本节改编自 Wilson（2003）。

② National Research Council.

1999)。此外，也包括学习的社会层面，即哪些社会实践活动能够对认知与理解的产生有帮助（Anderson，Greeno，Reder & Simon，2000）。这就意味着在评估实践中，我们除了纳入单个技能和零散的知识点外，还需要囊括认知的更复杂的方面。

　　人脑中的认知结构包括短时记忆（或称工作记忆）和长时记忆，短时记忆是一个较有限的系统，而长时记忆则可以在最大限度上存储知识（Baddeley，1986）。在许多情况下，我们最为关注的是被试如何利用存储在长时记忆中的知识对当前信息和问题进行有效的理解。长时记忆的内容包括一般知识和特定知识，但是被试知道的知识大部分是特定领域中的具体知识，这些知识有序地储存在图式结构中（例如，Cheng & Holyoak，1985）。因此，测量应该评估的是被试所具有的认知图式，以及被试如何筛选出相关的重要信息。也就是说，我们要评估被试如何组织已获取的信息，用何种策略解决问题，以及如何将相关信息分解为可操作的单元。

　　对某一具体领域内的"专家新手间区别"的研究，可以揭示知识结构中的哪些关键特征该成为评价的目标。通常，领域内的专家会把事实与程序性知识组织到支持模式识别、快速检索和知识应用的图式中（Chi，Glaser & Rees，1982）。

　　元认知是一种反思和指导自己的思维过程，是认知的一个重要方面（Newell，1990）。它对有效地思考和解决问题起着十分关键的作用，在具体的工作领域内，元认知是判断一个人是否具备专业技能的重要依据之一。测量专家利用元认知策略来考察被试在问题解决和执行自我纠正时的思考过程（Hatano，1990）。也就是说，在测量中，我们应该设法评估被试是否具有良好的元认知技能。

　　不同的人有不同的学习方式，他们可以通过不同的途径掌握知识。人们的认知发展过程是不一样的，从出错到找到最佳解决方案的路径也各不相同，但是随着时间的推移和实践次数的增加，被试的问题解决策略会逐渐变得更加有效（Siegler，1998）。这意味着测量应该聚焦于确定问题解决策略的范围，即确定不同的策略在特定领域中的实用性如何以及处于该领域认知发展的连续变量中的什么位置。

　　被试对自己的世界有着丰富的直观性认识，并且这种认识会随着他们的成长和变化而发生改变。学习就是将简单直观的了解转化为更完整、更准确的理解，而测量可以促进这个过程（Case，1992）的实现。因此，测量的重点是测量者对被试的思维进行了解。在适当的情况下，测量也应让被试了解自身的思维，从而选择更有效的策略来促进自己未来的发展。

实践和反馈是发展技能和专长的关键（Rosenbloom & Newell，1987）。因此，在教学过程中为学生提供及时的信息反馈是测量最为重要的作用之一。通过测量，我们可以弄清楚学生的学习和练习是否切实有效、是否取得了相应的成果。

知识的习得常常高度依赖于具体的情境和固定的形式，因而不能有效地迁移。知识能否迁移取决于人们对何时运用该知识的理解程度（Bassok & Holyoak，1989）。因此，我们评价学业成就时，不仅需要考虑回答或解决问题所需的知识和技能，还需要考虑问题呈现的情境以及这个情境要求被试执行知识的零迁移、近迁移还是远迁移。

9.1.2 情境视角

情境或社会文化视角在某种程度上是研究者们因担心认知理论仅关注被试个体的思维而提出的。情境视角可以围绕实践活动和背景进行不同层面的分析。这里，"背景"是指进行实践的特定形式和特定社区（社区可以是任何服务于某种目的的群体；规模可大可小，例如大到全球专业考古学界，小到本地的游泳俱乐部或班级）。在情境视角下，分析的基本单位是与背景条件协调的活动，即在语言、工具等文化因素影响下的个人或团体活动。按照情境视角的观点，人们总是在特定团体中习得该团体认可的技能、目标和习惯。

从情境视角进行分析的一个主要特征是，注重用人们生产和使用的物品来刻画认知活动的本质。从传统的认知研究角度来看，物理学是一种特定的知识结构。但从情境视角来看，物理实验室里的工作在很大程度上也有赖于参与者在提出和理解问题等活动中的合作能力（Ochs，Jacoby & Gonzalez，1994）。

情境视角的研究者们提出，测量活动至少在一定程度上评估了被试参与某种形式的实践活动的水平。比如，填写李克特量表就是一种实践形式。有些被试由于自身的经历、爱好或者是兴趣等原因，对于参与这种实践比其他被试更有准备。因此，我们必须仔细考察能否简单地用李克特量表或其他测量的结果作为被试认知水平的指标。

人们通过与他人的交流和互动能学习到大量的知识。因此，知识常常是嵌在某种特定的社会文化背景（包括评估的情境）中的。人们对问题的提出和解答的理解都离不开特定的背景信息。这意味着在测量中，我们需要评估被试使用适用于某一领域的知识和技能进行实践交流的水平、他们对这一领域的实践的理解程度以及他们使用该领域适用工具的熟练程度等。

9.1.3 未来发展趋势

从前面提到的理论和观点可以看出,认知和学习模型为设计和实施以建构为驱动的测量实践奠定了基础。研究者们已经进行了一些这样的测量研究和实践,且在一些领域,以建构为基础的测量得到了广泛的应用(比如,Hunt & Minstrell,1996;Marshall,1995;White & Frederiksen,1998;Wilson & Sloane,2000)。不过,目前大多数课堂内外的测量评估尚未应用以建构为基础的设计,并且在许多学科领域,认知理论的基础还没有确立。因此,未来还需要进一步将认知科学的知识用于测量实践,并开展更多的针对特定领域知识和技能的认知分析。

有许多工具可以高效地评估被试的知识,考察学习的内容和情境(例如反应时间研究、计算建模、口语分析、元认知分析以及人种学分析;见全国研究委员会,2001)。认知科学中用于设计任务、观察被试和分析认知以及推测被试的认知水平的方法,同样适用于解决设计测量工具时所面临的许多难题。

当代的测量实践总体上与情境视角的观点不一致。有充分的证据显示,被试在抽象的测量情境中的表现无法准确地反映他们参与现实中有前因后果的、有意义的活动时的能力。从情境的观点来看,测量意味着观察和分析被试如何利用相关知识和技能来参与某个社群中的实际工作。例如,要评价学生在科学教育中取得的成果,我们可以看学生能否有效地找到和使用信息资源,能否提出清晰的观点并用证据来支持该论点,能否在小组中提出问题、参与讨论和解决问题,以及对概念性的知识和技能的运用是否达到了学科标准等。

9.2 其他测量模型:源自统计模型

在测量中,我们通常认为建构是一个潜在的连续变量,即从少到多或由低到高的变化是单一的、连续的。当前对三种主流测量学理论,即经典测验理论(比较现代的解释参见 Lord & Novick,1968)、概化理论(generalizability theory,GT;最新的介绍参见 Shavelson & Webb，1991；相关的近期研究参见 Brennan，2001）和项目反应理论（相关的近期研究参见 van der Linden & Hambleton，1996），都是以这个假设为基础的。在经典测验理论中，这个连续变量被称为真分数，是长期观察的总分的均值。在概化理论中，使用类似 ANOVA 的方法分析各种测量者设计的各类元素对该连续变量的影响。在项目反应理论中，重点转移到了以单个项目为单位进行建模：项目反应的概率被视为由代表被试能力的潜在变量（通常用 θ 表示）和表示项目及测量背景的参数所组成的函数。

最基本的项目参数是项目难度，但我们有时也会用到其他表征测量情境特点的项目参数。难度参数通常被看作是项目反应与建构（即 θ 变量）之间的桥梁。而其他项目参数则多与测量情境的特征有关。例如，项目反应函数曲线的斜率就可能与 θ 以外的其他（未进行建模的）因素有关（斜率有时也称为区分度参数，但与经典测验理论中的区分度指标不同，两者容易混淆）。如果项目的渐近线很高或很低，可能的原因是该项目出现了天花板效应或地板效应（其中，下渐近线通常被称为猜测参数）。在已有的文献中，我们可以发现，研究者们对是否将除难度参数以外的其他参数纳入统计模型存有争议。纳入其他参数可以让模型更灵活，但却可能影响结果的可解释性（Hambleton，Swaminathan & Rogers，1991；Wright，1968，1977）。

建构的第二种可能形式是一组离散的类别，类别是否有序取决于相关的理论。与这类建构匹配的测量模型称为潜在类别模型（latent class model，LCM，参见 Haertel，1990）。在这些模型中，认知的形式（如问题解决的策略）仅存在几种特定的离散类别。而在每种类别中，被试在建构上没有水平高低的差别。策略的使用就是一个很好的例子。学生的学习策略只有有限的若干种，想要了解学生是哪一种类型的学习者，我们可以使用潜在类别模型。有时，不同的类别也可以按照某种标准排序，比如按照认知的复杂程度等。此外，类别之间也可能存在更为复杂的关系。

9.2.1 更复杂的测量模型

有一些复杂的测量情境可以被纳入测量模型中。一种情况是建构由多个属性构成。在经典测验理论框架下，我们可以使用因子分析模型；在项目反应理论框架下，我们可以使用多维项目反应模型（multidimensional item response model，MIRM；参见 Adams，Wilson & Wang，1997；Reckase，1972）。与前面讲到的项目参数更复杂的模型不同，在多维项目反应模型中，增加的是被试的参数。多维模型使得我们可以同时考虑多个不同的建构。

第二种情况是在一段时间中进行多次重复测量，我们可以把多次重复测量的影响看作是一个与原始建构的变化相关的新建构（Bryk & Raudenbush，1992；Collins & Wugalter，1992；Embretson，1996；Muthen & Khoo，1998；Willet & Sayer，1994；Wu，Adams & Wilson，1998）。另一个例子是与概化理论中效应参数类似的 ANOVA 的效应参数（Fischer，1973；Linacre，1989）。我们不仅可以通过效应参数把评分者特征、项目设计的特征等可观测的效应纳入模型中，还可以对更复杂的建构（如建构中影响试题难度的成分、认知策略的类别等）进行建模。

第三种情况是将一些认知模型的要素纳入统计模型中。我们在第二章介绍的建构图就是一个很好的例子。图 9.1 展示了我们用 GradeMap 软件生成的某一个学生在"IEY"科学测验的建构上的发展进程。图 9.1 中"标准区域"（最右边一列）中界定的水平层次与图 2.4 中的水平相同。我们可以看到，在图 9.1 中被试在各个时间点上的测量结果，是通过标定被试在标准区域中的位置这种有意义的形式来展现的。我们也可以用同样的方法来报告团体的测量结果，甚至是全国性的调查结果（就业、教育和青年事务部[①]，1997）。我们还可以研究学生个体的作答规律，以帮助诊断个体差异。比如，我们可以用被试图（在第六章介绍过）来对比预期的反应和实际观察到的反应，并标记哪些反应可能无法仅由被试在建构上的位置来解释。图 9.2 展示了另一个来自 GradeMap 的例子。在图 9.2 中，通过整体拟合指标标识出学生艾米·布朗（Amy Brown）的反应模式需要特别引起关注。注意：这张被试图与图 6.7 的格式有很大的不同，但所传达的信息是一样的。在图 9.2 中，艾米·布朗在每个项目上的期望反应用图像中间的灰色条状区域表示，而实际观察到的反应则用黑色柱子来显示。不难发现，艾米·布朗在几个项目上的反应与预期相差较大，对这些项目的内容进行分析，可能会有有趣的发现。辰太（Tatsuoka，1990，1995）开发了一种类似的技术，该技术的优势是可以对被试进行认知诊断。

---

① Department of Employment，Education and Youth Affairs.

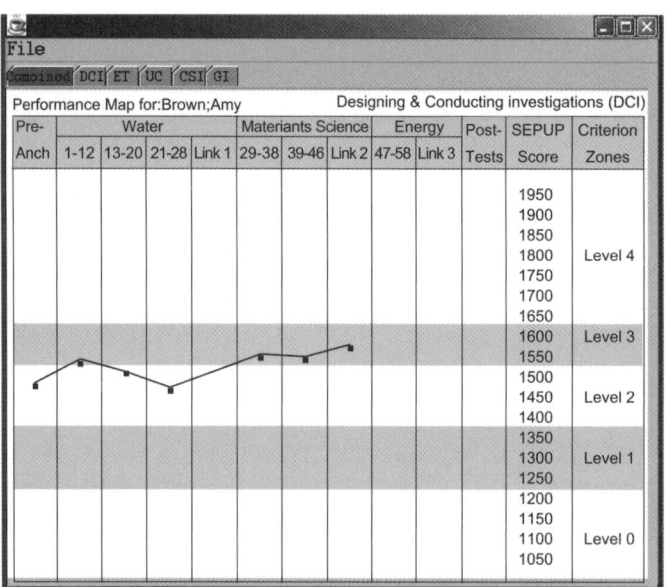

图 9.1　某学生在"IEY"科学测验的建构上的发展进程图

（用 GradeMap 软件生成；Wilson，Kennedy & Draney，2004）

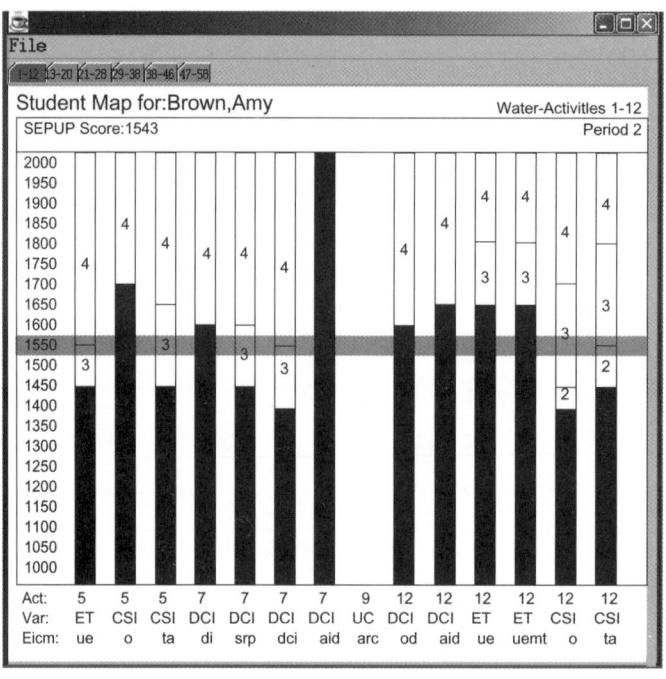

图 9.2　BEAR 评价体系中某学生的被试图

（用 GradeMap 软件生成；Wilson，Kennedy & Draney，2004）

9.2.2　在统计模型中加入认知结构参数

前面我们介绍了在结果报告中结合解释性技术的策略，接下来我们还可再进一步，把建构的要素直接表示为统计模型的参数。从统计学的观点来看，这通常是首选的策略。但在实践中，这种做法会增加结果解释时的复杂性，因此要综合考虑不同方法的优缺点。一个相对简单的例子是将项目功能差异参数纳入统计模型。此类参数通过调整其他参数（通常是项目难度参数）来反映项目对（已知的）被试群体的不同影响。同样，此类参数也可以用来反映其他建构的效应，如使用不同的解决策略（Lane，Wang & Magone，1996）或不同语言带来的差异（Ercikan，1998）。这些效应通常被视为需要校正的项目缺陷（参见 Holland & Wainer，1993）。

另一个常用的策略是把原始的观察结果划分为几个等级，以便于解释。这种策略可以视为对统计模型中的被试或项目采取措施。对被试的等级划分是一种将被试划分为潜在群体以便进行诊断的方法（参见 Haertel & Wiley，1993；Junker，2001）。对项目的归类则使得测量者可以项目涉及的技能类别而非难度水平来解释测量的结果（Janssen，Tuerlinckx，Meulders & de Boeck，2000）。连续变量和潜在类别两种方法也可以结合使用（Wilson，1994b），此时允许建构部分连续、部分不连续。结合使用两种方法的一个例子是跃度模型（Mislevy & Wilson，1996；Wilson，1989）。这种模型既可以反映技能的阶段性变化，也能够像标准的项目反应模型一样描述连续递增性的变化。

9.2.3　对认知结构建模的一般统计方法

研究者们已经提出了几种对认知结构建模的一般统计方法。一种是融合模型（unified model；DiBello，Stout & Roussos，1995），这个模型的基本假设是，任务分析可以把被试的表现分为不同的潜在类别。第二种方法是 M^2RCML 模型（Pirolli & Wilson，1998）。这种模型的基础是学习水平的区别（如不同水平的被试会使用不同的解决问题的策略）和符号水平的区别（如不同被试在使用相同的解决问题策略时会取得不同程度的进展）。这种方式已被应用于发音校正相关的研究（LISP 教程，Draney，Pirolli & Wilson，1995）以及推理规则的评估分析中（Balance Scale，Pirolli & Wilson，1998）。

研究者们一般都会使用贝叶斯网络（Bayes nets）为这类结构建模。这种方法是从其他领域的统计学研究中发展而来的（Andersen，Jensen，Olesen & Jensen，1989；Pearl，1998）。教育测量中的贝叶斯网络包含两种变量：与学生知识和技能方面有关的变量以及涉及他们的行为的变量（Mislevy，1996）。本节探讨的所有统计模型都可以（至少是近似地）表示为贝叶斯网络的某种形式，因此也都反映了贝叶斯网络的逻辑结构。本书中提到的每个统计模型都是在各自特定的领域中发展起来的，研究者们积累经验，编写计算机程序并编制样例目录。贝叶斯网络已被用作智能教学系统等复杂评估环境下的统计模型（例如 Martin & van Lehn，1995；Mislevy & Gitomer，1996）。

9.2.4　未来发展趋势

前面探讨的统计模型为我们提供了明确的、正式的规则，让我们可以整合观察项目时得到的信息，做出相关的推论。当前可用的统计模型在许多领域都适用（如教育领域的测验和心理领域的测量等）。我们可以用已有模型同时表现被试在多个建构上的特征，而非只能产生单一建构上的分数；可以对被试水平随时间变化的情况进行制图，而不是简单地在某个特定时间点上测量建构；可以处理多种不同路径、不同形式的被试反应；还可以基于已知的评估进行建模、监控，以改进决策。我们不仅可以单个被试为分析单位，也可以在团体水平上（如班级、学校和州等）为反应建模。

不过，还有许多新的模型和方法尚未被广泛使用。理解和掌握这些模型和方法需要较强的技术背景，因此它们不容易被推广。此外，研究者需要继续不断地努力，以便在特定领域通过观察揭示有意义的认知过程，并将更多认知和学习的关键特征融合到心理测量模型中来。相比过去的研究，当前的研究还多了一个额外的步骤，即研究者需要同时确定研究必须得出的相关推论、所需的观察和通过何种方式观察，以及能最有效地表达反应模式的统计模型。因此，可以说研究者的任务变得更为艰巨。我们已有大量的统计模型，但这并不意味着测量的模型问题就解决了。未来还需要进行更多的研究，将测量模型的特征与具体的理论建构和观察类型联系起来。长期以来，科学家、从业者、测量工具设计者和心理测量学专家只分别专注各自的研究领域，这可能是未来测量模型发展中的最大障碍。

9.3 对教育测评领域的深入分析

对我们在前八章所学内容进行拓展的一种方式是，对其在某个具体领域的应用的可能性进行更充分的探讨。可供选择的领域有很多，有些领域有着将其理论观点与测量学技术相交织的漫长而复杂的历史，而有些却只有相对短暂的历史。教育测量有着悠久的历史，早在公元前 2 世纪，中国就有教育测验数据的记录（科举考试；Webber，1989）。因此，可以说教育测量的历史是久远而厚重的。我们并不是想让读者去研读这方面的系列读物，而是向读者推荐一本既权威又含有大量相关文献的书（Linn，1989）。

我们将在本节接下来的部分介绍一种当代教育测量方法。作为测量技术与具体领域深度融合的案例——"BEAR 评价体系"（Wilson & Sloane，2000）可以用四条原则来概括：（1）以发展的观点为基础，（2）通过证据检验质量，（3）教学与评估相匹配，（4）由教师进行操作和管理。我们详细介绍了 BEAR 评价体系的一个应用实例："IEY"科学测验（"让公众了解科学"教育项目[①]，1995）。

9.3.1 以发展的观点为基础

BEAR 评价体系的第一个原则是教育评价体系应当以学生的学习发展观为基础。要评价学生理解概念和掌握技能的过程（而不是当前状态），我们就需要一个能解释学生在一段（教学）时间内的发展的模型。从发展的视角来看，我们应当摒弃使用单次测验和横截面数据来界定学生表现的研究方法，而转向关注学生在学习过程中取得的进步。

BEAR 评价体系解决这一问题的策略是开发一组发展变量，即本书中的建构图（Masters，Adams & Wilson，1990）。由于具体的课程内容太过详细，而国家课程标准又太笼统，两者在测量中都难以直接运用。而建构图介于两者之间，为测量工具的开发提供了可用的框架。测量者可以根据需求，对这类发展变量进行不同详细程度的界定。最细致的做法是，每个教学单元都被视为学生在至少一个变量上的进步，每次评价都与其中一个或多个变量相对应。在班级内使用 BEAR 评价体系时，测量者可以把

[①] Science Education for Public Understanding Program.

课程内容尽可能详尽地放到建构图中，也许可以做到每两周追踪一次学生的发展变化。这些细节的发展变量又可以被聚合为在更长时间跨度内（一学期或一年）有用的变量。通过这种聚合，我们可以创建出一个能反映学生成长的尺度。老师们就可以在教育过程中利用这个尺度来追踪学生个体或群体的发展。在更高的层次上，测量者的目标可能是追踪一个班级在一个学期中的进展，或者一所学校在一整年中的进展。巴克尔（Baker）也提出过通过"标准与评估不断交叉"的做法来追踪学生发展的建议（引自Land，1997，p. 6）。这些发展变量不仅连接了课程和课程标准，也连接了其他课程以及没有明确针对具体课程的测验。

"IEY"科学测验案例 "IEY"科学测验（"问题、证据和你"；"让公众了解科学"教育项目，1995）中就有一组发展变量的例子。我们在2.2.2节中介绍过这个初中科学课程。根据"以发展的观点为基础"的原则，BEAR评价体系的研究者与"让公众了解科学"教育项目课程的编制者们一起设计了与过程性变量相关的框架，用于描述学生在学习"IEY"科学课程的一学年中经历的几个学习阶段。五个"IEY"科学测验的发展变量如图9.3所示。

> **理解概念**：了解科学概念（如物质、能量或阈值的性质与相互作用），以便将相关科学概念应用于解决实际问题。这个变量是传统"科学内容"的IEY版，但内容不仅仅包括"事实性的知识"。
>
> **设计和实施调查**：设计科学实验，进行一个完整的科学调查，通过实验室里的实验来收集数据，记录和组织数据，并分析和解释实验结果。这个变量就是传统"科学过程"的IEY版。
>
> **证据与权衡**：确定客观科学的证据，并根据现有证据评估各种可能的问题解决方案的利弊。这一变量和下面的两个变量相对较新。
>
> **沟通科学信息**：以无技术错误的方式组织和呈现结果，并与听众进行有效沟通。
>
> **团体互动**：发展与队友合作完成任务（比如实验室实验）的技能，以及分担工作的技能。

图9.3 "IEY"科学测验中的发展变量

前三个变量"理解概念""设计和实施调查"和"证据与权衡"是传统科学测验中的主要变量。我们提出的新框架并未摒弃科学测验的传统内容，而是把传统的科学内容纳入"理解概念"这一变量。因此，教师使用新的框架时并不会损失信息，而是获得更多的信息。学生在"沟通科学信息"上的表现几乎可以结合任何一项活动或任意一次测量进行评估，教师可以根据自己对学生在这个变量上的发展的兴趣来决定如何评、何时评。在课程中，设计者指出了评估学生这方面技能的好的时机。最后一个变量"团体互动"，基于"让公众了解科学"教育项目中提出的 4 - 2 - 1 教学模型，即将学生分成科学调查的四人组、完成书面调查报告的两人组，并对单个学生进行评估（科学教育普及计划，1995）。对这个变量的测量也可以贯穿全年。

9.3.2　教学与评估相匹配

在探讨当下教育评价实践时，研究者们常常强调将评价整合到课程和教育过程（即课堂情景）中的必要性。因此，BEAR 评价体系的另一个原则就是教学内容与评价内容必须匹配。这也是证明测量工具的内容效度的基本原则（美国教育研究协会，美国心理学学会，美国国家教育测量委员会，2001）：测量工具中的项目是从项目的"总体"（即所有可能的项目）中经过适当抽样得来的，而对总体的界定则基于教学目标所预期的认知加工的内容和水平。长期以来，传统的测验方法（即高利害、标准化测验以及教师自编测验）因为过多选用考核基础水平的项目，忽视考核更复杂的理解水平的项目而饱受诟病。

课程设计领域和测评领域都对课程、教学和评价之间的匹配有过很多讨论。从课程设计的角度来看，在问责制下，评价的形式和内容抑制了教师对新的教学方式的探索。据报道，很多老师不再使用自己常用的教学资料，转而"教"学生所在地区或国家统一考试中会考到的"材料"。从评价的角度来看，倡导用评价驱动改革的研究者们试图利用"应试教学"的趋势，通过改革高利害考试的内容和形式，达到课程改革的目的。正如雷斯尼克和雷斯尼克（Resnick & Resnick，1992）所说："考试评价必须设计成教师只需要做最自然的事，即锻炼学生的各种能力、发展各种技能和知识，学生就能考出好成绩。这才是改革的真正目标。"

在 BEAR 评价体系中，教学和评价间的匹配是通过体系中的两大组成部分来建立和保持的，即前面所说的发展变量和下面我们将要介绍的评价任务。在上一节，发展变量的主要作用是作为评价的框架。但第二项原则却明确指出，评估框架与课程和教学的框架必须是同一个。这并不意味着以评价的需求主导课程，而意味着评价与教学之间必须同步（相互推动）。用发展变量作为教学和评价的框架是确保这两者至少在规划层面上保持一致的一种方式。不过，为了保持这种一致性，必须与课堂互动也匹配起来，这就是评价任务的关键作用所在。

评价任务需要反映课程教学的内容和形式。在班级层面，教师对评价任务的使用必须符合教学规律，要选择在有教学意义的时机进行。通常，教师想要了解学生对某一主题的理解和掌握发展到什么程度时，适合使用评价任务（有关适合的情境的详细阐述，可参见 Minstrell，1998）。要做到科学、合理地使用评价任务，比较好的一种办法是在编制教材的同时编制评价任务，在教学过程中融入评价，并把评价设计为一种教学活动。如果要关注班级以上层面的信息，如比较班级之间或学校之间的情况，这些评价任务就可以产生出学生在不同情境下解决问题的典型样本。

"IEY"科学测验案例（续）　"IEY"科学测验中的发展变量几乎是所有"IEY"课程的框架。"IEY"教材和评价都围绕着这组核心的发展变量来开发。确立了五个发展变量后，每个教学活动的教学目标和所有的评价任务都与这五个变量中的至少一个相关。"IEY"科学测验的各种评价任务与教育活动的范围是相匹配的：评价任务包括个体和团体活动、数据处理方面的问题，以及学生阅读后的问题。所有的任务都是开放式的问题，要求学生详细解释他们的回答。在大多数评估任务中，学生需要做出书面回答，这种反应形式实际上是教师在教学活动中处理整个班级学生作业的唯一可行形式。

图 9.4 展示了课程中的一个评价任务，摘自"IEY"科学测验活动量表的第 19 题："中和反应是解决污染的办法吗？"这是典型的"IEY"科学课程中的嵌入式评价。这个问题要求学生把之前在教学活动中阅读到的信息（报纸文章）和实验室中得到的信息进行整合，同时还要求他们解释自己的推理过程。如果不了解之前的课程材料，就无法做出完整的回答。它与"证据与权衡"变量有关。这个问题并没有确定的唯一正确的答案，而是要求学生做出陈述或判断，然后利用从活动中得到的信息和证据来加以证明。学生表现的优劣并不仅仅取决于他们得出的结论，而更多取决于他们所陈述的观点是否有理有据。

根据你对酸碱中和的了解，你认为中和反应可以用来解决酸碱污染吗？详细解释你的答案。
在得出结论之前，请先描述利弊，以及其他必须考虑的因素。

图 9.4　"IEY"科学测验中的一个评价任务实例

为了提供类似典型大规模考试的结果那样的总结性信息，BEAR 研究者也编制了由传统试题构成的"链接测验（link test）"。链接测验中的每个项目至少与一个核心变量有关，它们不像评价任务那样嵌入课程，而是需要另外进行测试，学生给出长度不等的书面反应。图 9.5 展示了该测验中的一道例题。

> 假设你是一家玻璃厨具制造公司运输部门的经理。你需要选择一种包装玻璃的材料，以保证玻璃在运送到店的途中不会破碎。你已经将选择范围缩小至三种材料：碎报纸、聚苯乙烯泡沫以及淀粉泡沫。受到挤压后，聚苯乙烯泡沫会弹回原样，但报纸和淀粉泡沫不会。遇水时，聚苯乙烯泡沫和淀粉泡沫都会浮起。尽管作为包装材料的聚苯乙烯泡沫可以重复使用，但难以在垃圾填埋场中分解。报纸容易回收利用，淀粉则易溶于水。
>
> 你会使用哪种材料？讨论每种材料的优缺点。请描述你在决定过程中所做的权衡。

图 9.5　链接测验中与"证据与权衡"变量有关的一个项目

链接测验是为"IEY"课程每个主要过渡环节提供的系列测验。每个测验都含有与课程内容相关的开放性问题，并在"IEY"核心变量的框架下进一步评价学生的能力。链接测验中的项目也可以组成一个小题库，供教师自己设计单元测验或其他学年内的测验时使用。教师可以把链接测验中的项目作为与核心变量有关的开放性问题的模板，或者也可以直接将其纳入其他自编测验中。链接测验类似于"IEY"情境下的大规模测量。如果想要进行效率更高的测评，则可以使用选择题等其他项目类型。

9.3.3　由教师进行操作和管理

BEAR 评价体系的第三条原则是教师必须是该体系的使用者和管理者。因此，这个体系必须为教师提供高效、便捷的管理工具，并且能让教师有效、科学地使用评价数据。这条原则主要涉及两个问题：首先，使用评估信息来指导教学的主体是教师。要实现评价的这一功能，教师必须：（a）参与收集和挑选学生作业的过程；（b）能够立即对结果进行评分并使用结果，而不是等很长时间后才进行反馈；（c）能够用教学术语解释结果；（d）能够在使用该评价体系时发挥创造性的作用。只有这样，教师才能够真正成为 BEAR 评价体系的使用者和管理者。

其次，教师的专业发展与问责制要求教师在收集和解读学生发展的证据方面发挥更为重要和积极的作用（Tucker，1991）。要对学生的表现负责，教师就必须对学生应该学习什么、什么是学生进步的充分证据等有充分的理解。这样他们才能在展现和解释学生表现及自己的教学成果时，处于更有利、更重要，也更负责任的位置。

这种观点要求我们对教学和学习过程有新的认识，老师要发挥新的作用，并会应对新的要求，学校甚至需要培养新的课堂评估的文化（Brown，Campione，Webber & McGilly，1992；Cole，1991；Resnick & Resnick，1992；Torrance，1995a，1995b；Zessoules & Gardner，1991）。让教师在课堂教学中使用这些类型的评估可能面临巨大的挑战。不过，教师对评价的理解和信心决定了变革最终能取得成功（Airasian，1988；Stake，1991）。

"IEY"科学测验案例（续）　　评价任务和链接测验为"IEY"科学课程的教师所提供的信息，必须能直接解释"IEY"核心变量上的教学目标达成度，并且必须以切实有效的方式进行。BEAR评价体系通过制定"IEY"科学测验的评分指南来应对这两个问题。评分指南界定了每个变量的要素，并描述了各个要素在不同分数水平上的表现标准或特征。每一个核心变量都有对应的评分指南，其中包括2~4个要素。通过使用评分指南，教师可以确定学生对评价任务的反应处于哪种水平。评分指南贯穿整个课程，分别用于与某一特定变量相关的所有评估。这意味着，针对每次具体的评价，我们都需要对评分指南进行解释。BEAR评价体系的研究者们发现，对教师来说，通用的评分指南与个别评估示例相结合的形式，要比在每次评价时提供不同的评分指南更有效。教师在课堂上使用的评分指南也可以是评分员在大规模测验中使用的评分指南。不同的项目、不同的分数等级会使用不同的例题，但一些已经公开的项目可以作为共同的例子。在不同的情境中，有时最好是每个项目都有特定的评分指南。但这些评分指南仍应该基于一个共同的基本概念。

在"IEY"科学测验中，所有评分指南的逻辑都是一样的（改编自"学习结果的结构分类法"；Biggs & Collis，1982）：在绝大多数情况下，都将"完整而正确的"反应编码为"3"；如果学生的反应只有部分正确，也就是说至少少了一个基本要素，编码为"2"；如果学生的反应是完全不正确的，是没有意义的，编码为"1"；如果学生的反应完全没有相关内容，则编码为"0"；如果学生的反应在某些关键方面水平超过"3"，编码则为"4"。所有"IEY"科学测验的评分指南都是这个结构，但不同项目会有特定的标准，使之具体适用于各个"IEY"核心变量。"证据与权衡"变量的评分指南见图9.6。（注意：这个评分指南的右边是第二章"IEY"科学测验建构的示例。）

解释每个评分指南时，需要为教师提供学生作业的评分实例，BEAR评价体系称之为"样例"。这些具体的例子帮助教师了解处在不同发展水平的学生可能有什么样的表现。这也是 BEAR 评价体系为教师提供的一种资源，可以帮助教师了解评分指南的基本原理。

分数	使用证据： 用基于相关证据的客观理由来支持选择或判断	使用证据做出权衡： 识别出问题的多个视角，并使用有证据支持的客观理由来解释每种观点，以便做出选择
4	反应达到"水平 3"。并在某个重要的方面超过"水平 3"，比如质疑或证明证据的来源、效度和/或数量	反应达到"水平 3"，并在某个重要的方面超过"水平 3"。比如提出的额外证据，用这些证据来进一步权衡选择；或者质疑证据的来源、效度和/或数量，并解释其如何影响选择
3	反应给出了主要的客观理由，并能够运用相关且正确的证据来支持这些客观理由	反应至少讨论了两个观点并且提供了客观的理由，每个客观理由都有相关且正确的证据来支持
2	反应提供了一些客观理由和一些支持证据，但至少缺少一个重要理由和/或部分证据不完整	反应至少陈述了一种观点并利用相关证据给出部分客观理由，但理由不完整和/或部分证据缺失，或者仅提供了一种完整而正确的观点
1	反应仅提供了被试做出选择或判断的主观原因（观点），且/或使用了不正确或不相关的证据来支持自己的选择或判断	反应至少陈述了一个观点，但是仅给出了主观理由，且/或使用了不正确或不相关的证据
0	被试没有作答；或反应无法辨认；或反应未给出选择的理由，并且未提供证据来支持选择	无反应；或反应无法辨认；或反应没有给出理由，且没有提供证据来支持所做出的选择
X	学生没有机会作答	

图 9.6　"证据与权衡"变量的评分指南

学生作业的样例是由使用"IEY"科学测验对 BEAR 评价体系进行试测的教师筛选出来的，是针对每个评估活动的各个分数水平的典型反应，因此是"IEY"说明文档的重要组成部分。图 9.7 展示了"活动 12"中一个被评为"水平 3"的反应样例。

水平 3	使用相关且正确的证据来权衡多种观点的利弊，并根据证据做出选择

	评价
"作为 Grizzelyville 自来水公司一名受过训练的员工，我很清楚关于饮用水氯化问题的争议。赞成或反对水氯化处理的两种文章我都读过。根据《秘鲁的故事》和《美国可能增加 700 多名癌症患者》两篇文章所提供的证据，我的建议是我们镇的用水都应进行氯化处理。因为喝未经处理的水，居民们就会有感染如霍乱之类的细菌性疾病的风险。从《秘鲁的故事》可知，由于饮用未经处理的水，成千上万无辜的人死于霍乱的流行。在短短的几个月内，就有 3500 人死亡，并有更多的人感染上霍乱。我们应该从中得到教训。另一方面，饮用氯化处理过的水也有风险，如膀胱癌和直肠癌的增加与饮用经过氯化处理的水有直接关联，美国可能因此增加 700 多名癌症患者。不过，由于两个非常重要的原因，感染霍乱的风险远远大于患癌的风险。居民因为水霉菌患上癌症的可能性非常小，而饮用未进行氯化处理的水患霍乱的可能性要大得多。同时，霍乱是一种传染性疾病，而癌症不是。如果我们镇有居民染上霍乱，就可能传染其他数百万人。所以，经过仔细考虑，我认为 Grizzelyville 的居民应饮用经过氯化处理的水。"	评价氯化处理问题的正反两种观点都得到了呈现和证据支持。最终选择了支持氯化处理

图 9.7　活动 12 "秘鲁的故事" 水平 3 的反应范例（根据 GradeMap 软件抓图翻译）

9.3.4　通过证据检验质量

过去研究者对测量技术质量的探讨主要是针对高利害考试，比如州或国家统一考试。其他基于课堂的评价要得到认可和推广，就必须也解决技术质量的问题。尽管沃尔夫、匹克斯比、格伦和加德纳（Wolf, Bixby, Glen & Gardner, 1991）对此进行了呼吁，但是用于保障课堂评价的技术质量的实践程序发展远滞后于高利害考试的质量保障程序。

课堂评估要在一个有机的评价体系中发挥作用，就必须保证技术质量。BEAR 评价体系提出首先必须保证课堂评估的公平性。老师自己编制的测验很少会采取措施来确保其可比性和效度。但是，BEAR 评价体系可以为特定的课程编制课堂评估程序，供教师使用和修改。教师可以根据评价过程中产生的证据来判断这些课堂评估适用于评价学生个人的表现、整体教学效果，或整个课程项目的效果等。

要确保在不同时间和情境下所产生结果有可比性，就需要一套程序：（a）考察用不同形式收集到的信息是否具有一致性；（b）使用发展变量来衡量学生表现；（c）描述问责制的结构要素（在学业成绩评价中，主要包括任务和评分者）；（d）使用统一的质量控制指标（如信度）。

　　除了信度系数和标准误等传统的质量控制指标以外，BEAR 评价体系纳入了本书阐述的设计测量工具的四个构建模块，只是术语略有不同。在 BEAR 评价体系中，我们用"发展图（progress map）"代替了"建构图"。发展图已经在课堂评价和大型标准化考试中（见"就业、教育和青年事务部"，1997）得到广泛的应用，成为展示测量结果的一种常见方法。使用发展图可以显著增加评价体系的连贯性。

　　"IEY"科学测验案例（续）　　研究者运用 BEAR 评价体系绘制了"IEY"课程中各核心变量的发展图。发展图是变量的图形表征，显示了一年里学生在评价任务中是如何表现或发展的。发展图来源于对学生数据的实证分析，这些数据是通过教师在"IEY"科学课程的课堂收集来的。数据分析使用 ConQuest 软件进行（Wu，Adams & Wilson，1998），这个软件可以用于估计多级和多维罗氏模型。

　　发展图建立起来后，教师就可以用图来记录和跟踪学生的发展，或者是标明学生已经掌握或者正在逐步掌握的技能。某学生在"设计和实施调查"变量上的表现如图 9.1 所示。通过把学生的表现画到发展图定义的连续变量上，教师就可以直观地对比学生发展情况与预期目标的差异。因此，发展图可以作为一种为教师提供所有修习该课程的学生的发展情况反馈的工具。当然，这些图为学生个人提供了自己在该课程中的表现的信息反馈。

　　发展图是评价任务中学生表现的图形表征，教师可以用它来帮助自己制订教学计划，或是向学生、管理者和家长展示学生一年来在"IEY"变量上的发展。由于教师使用和管理了 BEAR 评价体系，他们有能力用软件生成评价个人和班级发展的发展图。例如，如果学生在一系列评价中都在某个变量上表现不好，教师可能就有必要重新复习这些评价所针对的概念或问题。图 9.8 显示了反映一组学生表现的发展图。发展图也可以用来描绘学生在大型标准化测验中的表现，此时图中就应该显示整体的分布，而不只是平均值。发展图可以表达复杂的关系，例如群体间的平均值不同，但是取值范围又有交叉等。

　　在 BEAR 评价体系中，教师也可以获得传统的评价质量控制指标，例如我们计算了每部分链接测验的信度，范围是 0.65 到 0.85，还可以计算测量标准误。在"IEY"科学测验的图上，测量标准误用估计值的 95% 置信区间来直观地表示。

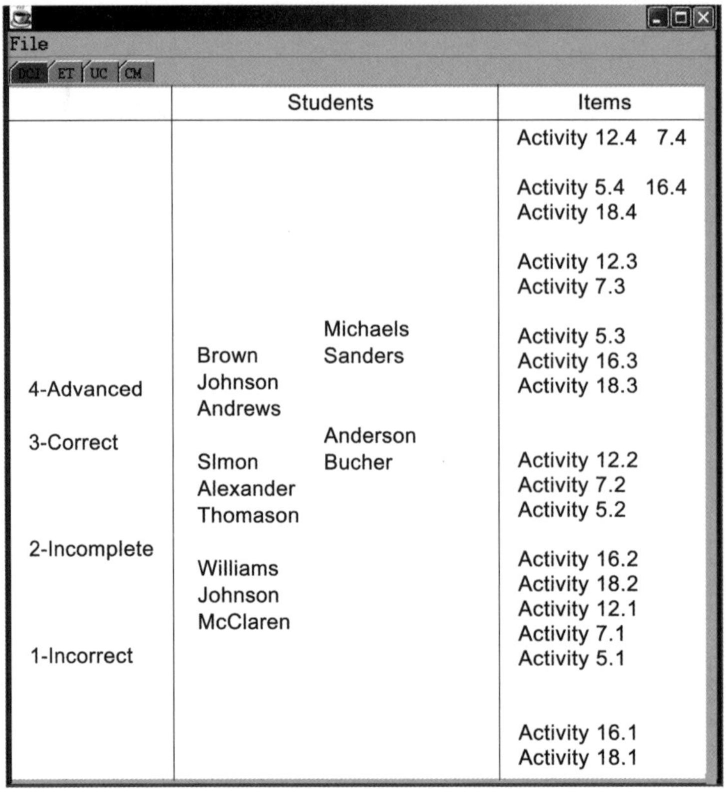

图 9.8 一组学生的发展图（软件 GramdMap 截图）

9.4 测量学在中国的发展历史和现状

考试在中国的历史源远流长。最早的正式考试就是大家都很熟悉的科举考试。从隋朝到清末的一千多年里，科举一直是国家选"仕"的重要途径。科举制度对我国近现代考试产生了深远的影响。首先，科举考试是服务于国家的，因此考试的内容和形式都由政府严格控制。其次，科举考试是高利害的，是社会阶层流动的最重要渠道，因此科举考试的公平性受到极大的关注。古人通过专人誊写、匿名评分等方法保障考试的程序公平；此外，还创造出"分科取士""南北取士"等办法来分配录取名额，提高考试的结果公平性。古人的智慧在今天仍然值得我们学习和借鉴，在今天的高考中，我们也可以发现类似的制度安排。

封建社会结束后，我国的教育发生了一系列天翻地覆的变革，在学习内容、学制安排等方面采用了很多西方国家的做法。那一时期，教育测量领域的发展也深受西方影响，一大批国外的量表，如智商测试（如西蒙－比奈智商测验）、人格测试和心理量表等被翻译进来①，甚至有一些学校开设了测量学的课程。遗憾的是，随着战争的爆发，这一系列的改革都严重受阻，国内没能形成新的教育考试体系。

中华人民共和国成立后，教育得到了快速的发展。在中华人民共和国成立初期，高等教育仍然是稀缺资源。高考作为全国性的标准化考试，发挥着与科举类似的作用，既为国家选材，同时也是社会阶层流动的重要渠道。因此，高考的制度安排和科举有一些相似之处，如内容由国家控制，而录取人数则采用"名额制"的做法。

"文革"期间，高考曾一度停止。1977年恢复高考后，国内再一次掀起了学习西方测量学理论和实践经验的热潮。从1981年到1990年，中文期刊一共发表了近700篇测量学方面的论文，一批美国和欧洲的测量学专著被翻译成中文出版。与此同时，我国的考试实践也逐步学习西方经验，高考在试题形式、测试流程等方面都更加接近国外的标准化考试。

20世纪90年代以后，我国政府和社会各界都越来越重视教育质量，贯穿各级教育的测评体系逐步建立起来。教育测评体系主要包括两类考试：一类是各级学校的入学考试（如小升初、中考、高考、研究生入学考等）；另一类是区域和全国性的教育质量监测。

在各级入学考试中，高考仍然是最高利害的考试。实践者多年来致力于提升考试的科学性：在考试形式、过程方面，越来越接近欧美的"标准化"考试；在考试内容方面，高考逐步减少了对机械记忆的考查，而越来越注重对能力素养的考查；在考试的公平性方面，政策制定者试图通过调剂名额（如给贫困地区另外划拨重点高校的录取名额等）来促进考试的公平性，研究者也开始分析试题对不同背景学生是否有项目差异反应等。

当然，高考仍然面临着很多问题。比如，高考的质量保障机制仍需建立和完善，不同时间的考试之间还无法进行等值换算等。此外，高考指挥棒下"应试教育"愈演愈烈，引起了社会各界的担忧。因此，高考改革仍然在路上，并且任重而道远。

虽然我国的选拔性考试历史源远流长，质量监测考试却起步较晚。2007年，我国

---

① Shi, J. (2004). Diligence makes people smart. In R. J. Sternberg (Ed.), *International handbook of intelligence* (pp. 325—343). Cambridge: Cambridge University Press.

在北京师范大学设立了基础教育质量监测中心，开始在全国范围内进行抽样测试，为国家和地方教育政策制定者提供我国教育质量发展状况的基本信息。近年来，很多省、市，甚至区县也开始自主进行质量监测。

一个有趣的现象是，提供质量监测技术服务的既有政府设立的专门机构，也有科研院所，以及民营的考试公司。质量监测体系的逐步建立无疑为我国第三方评价的发展提供了土壤。从 2015 年教育部颁发管办评分离指导意见以来，商业考试服务机构数量增长更加迅速。但目前我国考试评价行业的发展还面临着很大的挑战，如专业人员稀缺，市场不够规范，购买服务一方（政府、学校及家长）对考试服务的质量缺乏判断力等。因此，测量学理论和技术的普及有着极其重要的意义。

9.5 其他参考资料：更多理论观点

本书的特点是集中探讨了一种特定的测量方法。通过详细介绍四个构建模块，读者应该能够按照顺序逐个理解和实践应用。不过，聚焦在一种方法上也使得我们在本书中无法详述测量的发展历史和其他测量方法。未来，我们希望能够填补这些空白，让读者更全面地了解测量历史、把握测量的可能范围。如果读者继续学习考试、测量、心理测量学方面的知识，逐步深入这个有趣的研究领域，就会发现还有许多其他的主题可供我们思考。

从发展历史的角度来看，了解测量理论必须从经典测验理论开始。尽管在第五章中简要介绍了这种理论，但测量者应该对这一基础性的理论有更多的了解，直到完全理解并熟练掌握这种基本的方法。在本书的简要介绍中，我们参考了几篇关于这一理论的重要文献（例如 Edgeworth，1888，1892；Spearman，1904，1907）。这些文献解释了经典测验理论的内涵思想和许多技术细节，值得我们仔细研读。不过，这些基础性的论文由于撰写于理论发展早期，主要描述理论的创新之处，因此未必会进行全面的概述。要全面了解这一理论及其实践运用，读者可以参考一些教科书，在那些教科书的章节中常常有最新的研究和综述。近年来，相关的著作有很多。其中，我认为比较有用的包括：R. L. 桑代克（R. L. Thorndike，1982）对 CST（计算机辅助测验）的一些基本知识做了简明扼要的阐述。不过，理解其中的逻辑需要有一定的数学知识。

艾伦和严（Allen & Yen，1979）的书提供了更基础也更全面的介绍。当然，最权威的是罗德和诺维克（Lord & Novick，1968）的著作。

对于赋予分数意义的研究（参见第五章 5.1 节的论述），有着较为曲折的发展历史。我们在前面的章节中已经提到过格特曼（Guttman，1944，1950）的贡献。这方面研究的最新观点是测量者应该提供标准参照的测验。具体来说，标准参照的测验有多种表现形式。格拉斯特（Glaser，1963）的论文具有开创性的意义，他提出的核心理念是测量应该主要从了解被试能完成什么样的任务的角度来解释。伯尔克（Berk，1980）的论文集也对我们了解这方面研究的范围有一些帮助。正如伯尔克在其著作的结束语中所述，概化理论（Cronbach，Gleser，Nanda & Rajaratnam，1972）可以被视为赋予测量更多意义的一种方法（更新、更通俗易懂的解释，参见 Shavelson & Webb，1991）。美国国家研究委员会在其 2001 年的报告中提出了这方面的最新观点，即"了解学生了解了什么"①。

在本书中，我们对项目反应模型的介绍也是从赋予分数意义的角度出发的，即项目反应模型是设计测量工具的四个构建模块中的一部分。但大多数使用项目反应模型的人并不考虑模型与分数意义的关系，忽视本书第六章（6.1 节）中的观点，而只是把它作为解决标定中的技术问题的方案。这一流派的基础论著来自伯恩鲍姆（Birnbaum，1968），更全面、详尽的阐述见罗德（Lord，1980）。反驳这种技术观点的最新论述来自博克（Bock，1997）和怀特（Wright，1997）。关于项目反应模型的技术报告是很多测量专业的人入门时的学习内容。显然，本书并没有选择这种主流的做法。这并不意味着技术问题就不重要。我们在第五章和第六章介绍了项目反应模型，这些模型确实是解决实际和技术问题的强有力的工具。范·德·林登和汉布尔顿（van der Linden & Hambleton，1996）以及费舍尔和莫伦纳（Fischer & Molenaar，1995）的相关著作可以为读者提供综合性的全景扫描。

9.6 课后练习

（接第一章至第八章的课后练习）

---

① "Knowing What Students Know."

1. 再一次思考你所测量的建构，是否有无法用一个或一组建构图来表示的、更复杂的版本？

2. 思考本书介绍的一系列统计模型。其中是否有某一种可以提高你的数据分析和报告的有效性？

3. 尝试为你的测量工具设计一套 BEAR 评价体系。简要阐述在你的设计中是如何运用书中介绍的四个原则的。

参考文献

Adams, R. J., &Khoo, S. T. (1996). *Quest*. Melbourne, Australia: Australian Council for Educational Research.

Adams, R. J., Wilson, M., &Wang, W. (1997). The multidimensional random coefficients multinomial logit model. *Applied Psychological Measurement*, 21, 1-23.

Agresti, A. (1984). *Analysis of ordinal categorical data*. New York: Wiley.

Airasian, P. W. (1988). Measurement-driven instruction: A closer look. *Educational Measurement: Issues and Practice*, 7, 6-11.

Allen, M. J., & Yen, W. M. (1979). *Introduction to measurement theory*. Monterey, CA: Brooks/Cole.

American Institutes for Research. (2 000). *Voluntary National Test, Cognitive Laboratory Report, Year 2*. Palo Alto, CA: Author.

American Educational Research Association, American Psychological Association, National Council on Measurement in Education. (1985). *Standards for educational and psychological testing*. Washington, DC: American Psychological Association.

American Educational Research Association, American Psychological Association, National Council on Measurement in Education. (1999). *Standards for educational and psychological testing*. Washington, DC: American Educational Research Association.

Andersen, S. K., Jensen, F. V., Olesen, K. G., &Jensen, F. (1989). *HUGIN: A shell for building Bayesian belief universes for expert systems*. Aalborg, Denmark: HUGIN Expert Ltd.

Anderson, J. R., Greeno, J. G., Reder, L. M., & Simon, H. A. (2000). Perspectives on learning, thinking, and activity. *Educational Researcher*, 29, 11-13.

Andersson, B., & Karrqvist, C. (1981). Light and its qualities(in Swedish). *EKNA-Rapport nr8*,

Institutionen for Praktisk Pedagogik. Gothenburg: University of Gothenburg.

Andrich, D. (2004). Controversy and the Rasch model: A characteristic of incompatible paradigms? *Medical Care*, 42(1 Suppl.), 7-16.

Armon, C. (1984). *Ideals of the good life: Evaluative reasoning in children and adults*. Unpublished doctoral dissertation, Boston: Harvard University.

Baddeley, A. (1986). *Working memory*. New York: Oxford University Press.

Ball, S. J. (1985). Participant observation with pupils. In R. G. Burgess(Ed.), *Strategies of educational research: Qualitative methods* (pp. 23-56). London: The Falmer Press.

Bassok, M., & Holyoak, K. J. (1989). Interdomain transfer between isomorphic topics in algebra and physics. *Journal of Experimental Psychology: Learning, Memory, and Cognition*, 15, 153-166.

Berk, R. A. (1980). Criterion-referenced measurement: The state of the art. Baltimore, MD: Johns Hopkins University Press.

Biggs, J. B., & Collis, K. F. (1982). *Evaluating the quality of learning: The SOLO taxonomy*. New York: Academic Press.

Biggs, J. B., & Moore, P. J. (1993). *The process of learning* (3rd ed.). New York; Sydney: Prentice Hall.

Binet, A., & Simon, T. (1905). Upon the necessity of establishing a scientific diagnosis of inferior states of intelligence. *L'Annee Psychologique*, 163-191. [Trans from the French: D. N. Robinson (1977). *Significant Contributions to the History of Psychology*, Volume 4, *Binet, Simon, Stern, &Galton*. Washington: UPA.]

Birnbaum, A. (1968). Estimation of an ability. In F. M. Lord, M. R. Novick(Eds.), *Statistical theories of mental test scores* (pp. 453-479). Reading, MA: Addison Wesley.

Bock, R. D. (1997). A brief history of item theory response. *Educational Measurement: Issues and Practice*, 16, 21-32.

Bock, R. D., & Jones, L. V. (1968). *The measurement and prediction of judgment and choice*. San Francisco: Holden-Day.

Brennan, R. L. (2001). *Generalizability theory*. New York: Springer.

Brown, A. L., Campione, J. C., Webber, L. S., & McGilly, K. (1992). Interactive learning environments: A new look at assessment and instruction. In B. R. Gifford & M. C. O'Connor(Eds.), *Changing assessments*(pp. 121-211). Boston: Kluwer Academic Publishers.

Bryk, A. S., & Raudenbush, S. (1992). *Hierarchical linear models: Applications and data analysis methods*. Newbury Park, CA: Sage.

Cannell, J. J. (1988). Nationally normed elementary achievement testing in America's public schools: How all 50 states are above the national average. *Educational Measurement: Issues and Practice*, 7, 5-9.

Carroll, J. B. (1993). *Human cognitive abilities*. Cambridge: Cambridge University Press.

Case, R. (1992). *The mind's staircase: Exploring the conceptual underpinnings of children's thought and knowledge*. Hillsdale, NJ: Lawrence Erlbaum Associates.

Cheng, P. W., & Holyoak, K. J. (1985). Pragmatic reasoning schemas. *Cognitive Psychology*, 17, 391-416.

Chi, M. T. H., Glaser, R., &Rees, E. (1982). Expertise in problem solving. In R. J. Sternberg (Ed.), *Advances in the psychology of human intelligence* (Vol. 1, pp. 7-75). Hillsdale, NJ: Lawrence Erlbaum Associates.

Claesgens, J., Scalise, K., Draney, K., Wilson, M., & Stacey, A. (2002, April). *Perspectives of chemists: A framework to promote conceptual understanding of chemistry*. Paper presented at the annual meeting of the American Educational Research Association, New Orleans.

Cohen, J. (1960). A coefficient of agreement for nominal scales. *Educational and psychological Measurement*, 20, 37-46.

Cole, N. (1991). The impact of science assessment on classroom practice. In G. Kulm & S. Malcom (Eds.), *Science assessment in the service of reform* (pp. 97-106). Washington, DC: American Association for the Advancement of Science.

Collins, L. M., &Wugalter, S. E. (1992). Latent class models for stage-sequential dynamic latent variables. *Multivariate Behavioral Research*, 27(1), 131-157.

Commons, M. L., Richards, F. A., *RuF. J.*, Armstrong-Roche, M., & Bretzius, S. (1983). A general model of stage theory. In M. Commons, F. A. Richards, & C. Armon (Eds.), *Beyond formal operations* (pp. 120-140). New York, NY: Praeger.

Commons, M. L., Straughn, J., Meaney, M., Johnstone, J., Weaver, J. H., Lichtenbaum, E., Sonnert, G., & Rodriquez, J. (1995, November). *The general stage scoring system: How to score anything*. Paper presented at the annual meeting of the Association for Moral Education.

Cronbach, L. J. (1951). Coefficient alpha and the internal structure of tests. *Psychometrika*, 16, 297-334.

Cronbach, L. J. (1990). *Essentials of psychological testing* (5th ed.). New York: Harper & Row.

Cronbach, L. J., Gleser, G. C., Nanda, H., & Rajaratnam, N. (1972). *The dependability of be-havioral measurements: Theory of generalizability for scores and profiles*. New York: Wiley.

Dahlgren, L. O. (1984). Outcomes of learning. In F. Martin, D. Hounsell, & N. Entwistle(Eds.), *The experience of learning* (pp. 19-35). Edinburgh: Scottish Academic Press.

Dawson, T. L. (1998). *A good education is…: A life-span investigation of developmental and con-ceptual features of evaluative reasoning about education*. Unpublished doctoral dissertation, University of California, Berkeley.

Dennett. D. C. (1988). *The intentional stance*. Cambridge, MA: Bradford Books, MIT Press.

Department of Employment, Education, and Youth Affairs. (1997). *National School English Literacy Survey*. Canberra, Australia: Author.

DiBello, L. V., Stout, W. F., & Roussos, L. A. (1995). Unified cognitive/psychometric diagnostic assessment likelihood-based classification techniques. In P. D. Nichols, S. F. Chipman, & R. L. Brennan (Eds.), *Cognitively diagnostic assessment* (pp. 361-389). Hillsdale, NJ: Lawrence Erlbaum Associates.

Dobson, A. J. (1983). *An introduction to statistical modeling*. London: Chapman & Hall.

Draney, K. L., Pirolli, P., & Wilson, M. (1995). A measurement model for a complex cognitive skill. In P. D. Nicols, S. F. Chipman, & R. L. Brennan (Eds.), *Cognitively diagnostic assessment* (pp. 103-126). Hillsdale, NJ: Lawrence Erlbaum Associates.

Edgeworth, F. Y. (1888). The statistics of examinations. *Journal of the Royal Statistical Society*, 51, 599-635.

Edgeworth, F. Y. (1892). Correlated averages. *Philosophical Magazine* (5th Series), 34, 190-204.

Embretson, S. E. (1996). Multicomponent response models. In W. J. van der Linden & R. K. Hambleton(Eds.), *Handbook of modern item response theory* (pp. 305-322). New York: Springer.

Engelhard, G., & Wilson, M. (Eds.). (1996). *Objective measurement Ⅲ: Theory into practice*. Norwood, NJ: Ablex.

Ercikan, K. (1998). Translation effects in international assessments. *International Journal of Educational Research*, 29, 543-553.

Fischer, G. H. (1973). The linear logistic test model as an instrument in educational research. *Acta Psychologica*, 37, 359-374.

Fischer, G. H., & Molenaar, I. W. (Eds.). (1995). *Rasch models: Foundations, recent develop-*

ments, and applications. New York: Springer.

Gershenfeld, N. (1998). *The nature of mathematical modeling*. Cambridge: Cambridge University Press.

Glaser, R. (1963). Instructional technology and the measurement of learning outcomes: Some questions. *American Psychologist*, 18, 519-521.

Guttman, L. (1944). A basis for scaling qualitative data. *American Sociological Review*, 9, 139-150.

Guttman, L. (1950). The basis for scalogram analysis. In S. A. Stouffer, L. Guttman, F. A. Suchman, P. F. Lazarsfeld, S. A. Star, & J. A. Clausen(Eds.), *Studies in social psychology in World War Ⅱ: Vol. 4. Measurement and prediction*. (pp. 60-90). Princeton: Princeton University Press.

Haertel, E. H. (1990). Continuous and discrete latent structure models for item response data. *Psychometrika*, 55, 477-494.

Haertel, E. H., & Wiley, D. E. (1993). Representations of ability structures: Implications for testing. In N. Frederiksen, R. J. Mislevy & I. I. Bejar(Eds.), *Test theory for a new generation of tests* (pp. 359-384). Hillsdale, NF: Lawrence Erlbaum Associates.

Haladyna, T. M. (1996). *Writing test items to evaluate higher order thinking*. New York: Pearson Education.

Haladyna, T. M. (1999). *Developing and validating multiple-choice test items*(2nd ed.). Mahwah, NJ: Lawrence Erlbaum Associates.

Hambleton, R. K., Swaminathan, H., & Rogers, H. J. (1991). *Fundamentals of item response theory*. Newbury Park, CA: Sage.

Hatano, G. (1990). The nature of everyday science: A brief introduction. *British Journal of Developmental Psychology*, 8, 245-250.

Holland, B. S., & Copenhaver, M. (1988). Improved Bonferroni-type multiple testing procedures. *Psychological Bulletin*, 104, 145-149.

Holland, P. W., & Wainer, H. (1993). Differential item functioning. Hillsdale, NJ: Lawrence Erlbaum Associates.

Hunt, E., & Minstrell, J. (1996). Effective instruction in science and mathematics: Psychological principles and social constraints. *Issues in Education: contributions from Educational Psychology*, 2, 123-162.

Janssen, R., Tuerlinckx, F., Meulders, M., & De Boeck, R. (2000). A hierarchical IRT model for mastery classification. *Journal of Educational and Behavioral Statistics*, 25, 285-306.

Junker B. (2001). Some statistical models and computational methods that may be useful for cognitively-relevant assessment. In National Research Council, *Knowing what students know: The science and design of educational assessment* (Committee on the Foundations of Assessment. J. Pellegrino, N. Chudowsky, & R. Glaser, Eds., Division on Behavioral and Social Sciences and Education). Washington, DC: National Academy Press.

Kofsky, E. (1966). A scalogram study of classificatory development. *Child Development*, 31, 191-204.

Kolstad, A., Cohen, J., Baldi, S., Chan, T., deFur, E., & Angeles, J. (1998). *Should NCES adopt a standard? The response probability convention used in reporting data from IRT assessment scales*. Washington, DC: American Institutes for Research.

Kinder, G. F., & Richardson, M. W. (1937). The theory of the estimation of test reliability. *Psychometrika*, 2, 151-160.

Land, R. (1997). Moving up to complex assessment systems. *Evaluation Comment*, 7, 1-21.

Lane, S., Wang, N., & Magone, M. (1996). Gender-related differential item functioning on a middle-school mathematics performance assessment. *Educational Measurement: Issues and Practice*, 15, 21-28.

Levine, R., & Huberman, M. (2000). *High school exit examination: Cognitive laboratory testing of selected items*. Palo Álto, CA: American Institutes for Research.

Linacre, J. M. (1989). *Many-faceted Rasch measurement*. Chicago: MESA Press.

Linn, R. L. (1989). *Educational measurement*. New York: American Council on Education.

Linn, R. L. (1997). Evaluating the validity of assessments: The consequences of use. *Educational Measurement: Issues and Practice*, 16, 5-8.

Longford, N. T., Holland, P. W., & Thayer, D. T. (1993). Stability of the MH D-DIF statistics across populations. In P. W. Holland & H. Wainer(Eds.), *Differential item functioning* (pp. 67-113). Hillsdale, NJ: Lawrence Erlbaum Associates.

Lord, F. M. (1952). A theory of test scores. *Psychometric Monograph*, 7.

Lord, F. M. (1980). *Applications of item response theory to practical testing problems*. Hillsdale, NJ: Lawrence Erlbaum Associates.

Lord, F. M., & Novick, M. R. (1968). *Statistical theories of mental test scores*. Reading, MA: Addison-Wesley.

Marshall, S. P. (1995). *Schemas in problem-solving*. New York: Cambridge University Press.

Martin, J. D., & VanLehn, K. (1995). A Bayesian approach to cognitive assessment. In P. D. Nichols, S. F. Chipman, & R. L. Brennan(Eds.), *Cognitively diagnostic assessment* (pp. 141-166). Hillsdale, NJ: Lawrence Erlbaum Associates.

Marton, F. (1981). Phenomenography—Describing conceptions of the world around us. *Instructional Science*, 10, 177-200.

Marton, F. (1983). Beyond individual differences. *Educational Psychology*, 3, 289-303.

Marton, F. (1986). Phenomenography—A research approach to investigating different understandings of reality. *Journal of Thought*, 21, 28-49.

Marton, F. (1988). Phenomenography—Exploring different conceptions of reality. In D. Fetterman (Ed.), *Qualitative approaches to evaluation in education* (pp. 176-205). New York: Praeger.

Marton, F., Hounsell, D., & Entwistle, N. (Eds.) (1984). *The experience of learning*. Edinburgh: Scottish Academic Press.

Masters, G. N., Adams, R. J., & Wilson, M. (1990). Charting of student progress. In T. Husen & T. N. Postlethwaite(Eds.), *International encyclopedia of education: Research and studies. Supplementary Volume* 2(pp. 628-634). Oxford: Pergamon.

Masters, G. N., & Forster, M. (1996). *Developmental assessment: Assessment resource kit*. Hawthorn, Australia: ACER Press.

Masters, G. N., & Wilson, M. (1997). *Developmental assessment*. Berkeley, CA: BEAR Research Report, University of California.

McHorney, C. A., Ware, J. E., Rachel Lu, J. F., & Sherbourne, C. D. (1994). The MOS 36-item short-form health survey(SF-36): III. Tests of data quality, scaling assumptions, and reliability across diverse patient groups. *Medical Care*, 32, 40-66.

Mehrens, W. A. (1997). The consequences of consequential validity. *Educational Measurement: Issues and Practice*, 16, 5-6.

Messick, S. (1989). Validity. In R. L. Linn(Ed.), *Educational measurement*(3rd ed., pp. 13-103). New York: American Council on Education/Macmillan.

Metz, K. (1995). Reassessment of developmental constraints on children's science instruction. *Review of Educational Research*, 65, 93-127.

Minstrell, J. (2000). Student thinking and related assessment: Creating a facet-based learning environment. In National Research Council, *Grading the nation's report card: Research from the evaluation of NAEP* (pp. 44-73). Committee on the Evaluation of National and State Assessments of Educational Progress. N. S. Raju, J. W. Pellegrino, M. W. BertenthaJ, K . J. Mitchell, & L. R. Jones(Eds.), Commission on Behavioral and Social Sciences and Education. Washington, DC: National Academy Press.

Mislevy, R. J. (1996). Test theory reconceived. *Journal of Educational Measurement*, 33, 379-416.

Mislevy, R. J., & Gitomer, D. H. (1996). The role of probability-based inference in an intelligent tutoring system. *User Modeling and User-Adapted Interaction*, 5, 253-282.

Mislevy, R. J., Steinberg, L. S., & Almond, R. A. (2003). On the structure of educational assessments. *Measurement: Interdisciplinary Research and Perspectives*, 1, 1-62.

Mislevy, R. J., & Wilson, M. (1996). Marginal maximum likelihood estimation for a psychometric model of discontinuous development. *Psychometika*, 61, 41-71.

Mislevy, R. J., Wilson, M., Ercikan, K., & Chudowsky, N. (2003). Psychometric principles in student assessment. In D. L. Stufflebeam & T. Kellaghan(Eds.), *International handbook of educational evaluation*(pp. 489-532). Dordrecht, the Netherlands: Kluwer Academic Press.

Muthen, B. O., & Khoo, S. T. (1998). Longitudinal studies of achievement growth using latent variable modeling. *Learning and Individual Differences*, 10, 73-101.

National Research Council. (1999). *How people learn: Brain, mind, experience, and school* (Committee on Developments in the Science of Learning. J. D. Bransford, A. L. Brown, & R. R. Cocking, Eds., Commission on Behavioral and Social Sciences and Education). Washington, DC: National Academy Press.

National Research Council. (2001). *Knowing what students know: The science and design of educational assessment*(Committee on the Foundations of Assessment. J. Pellegrino, N. Chudowsky, & R. Glaser, Eds., Division on Behavioral and Social Sciences and Education). Washington, DC: National Academy Press.

Newell, A. (1982). The knowledge level. *Artificial Intelligence*, 18, 87-127.

Newell, A. (1990). *Unified theories of cognition*. Cambridge, MA: Harvard University Press.

Niza, M., & Lawson, A. E. (1985). Balancing chemical equations: The role of developmental level and mental capacity. *Journal of Research in Science Teaching*, 22, 41-51.

Nitko, A. J. (1983). *Educational tests and measurement: An introduction*. New York: Harcourt Brace Jovanovich.

Ochs, E., Jacoby, S., & Gonzalez, P. (1994). Interpretive journeys: How physicists talk and travel through graphic space. *Configurations*, 2, 151-172.

Organization for Economic Cooperation and Development. (1999). *Measuring student knowledge and skills: A new framework for assessment*. Paris: OECD Publications.

Osterlind, S. J. (1998). *Constructing test items: Multiple-choice, constructed-response, performance, and other formats* (2nd ed.). New York: Kluwer Academic Publishers.

Paek, I. (2002). *Investigations of differential item functioning: Comparisons among approaches, and extension to a multidimensional context*. Unpublished doctoral dissertation, University of California, Berkeley.

Patton, M. Q. (1980). *Qualitative evaluation methods*. Beverly Hills, CA: Sage.

Pearl, J. (1988). *Probabilistic reasoning in intelligent systems: Networks of plausible inference*. San Mateo, CA: Kaufmann.

Phillips, G. W., & Finn, Jr. C. E., (1988). The Lake Wobegone effect: A skeleton in the testing closet? *Educational Measurement: Issues and Practice*, 7, 10-12.

Pirolli, P, & Wilson, M. (1998). A theory of the measurement of knowledge content, access, and learning. *Psychological Review*, 105, 58-82.

Plake, B. S., Impara, J. C., & Spies, R. A. (2003). *The fifteenth mental measurements yearbook*. Lincoln, NE: University of Nebraska Press.

Popham, W. J. (1997). Consequential validity: Right concern—wrong concept. *Educational Measurement: Issues and Practice*, 16, 9-13.

Raczek, A. E., Ware, J. E., Bjomer, J. B., Gandek, B., Haley, S. M., Aaronson, N. K., Apolone, G., Bech, P, Brazier, J. E., Bullinger, M., & Sullivan, M. (1998). Comparison of Rasch and summated rating scales constructed from SF-36 Physical Functioning items in seven countries: Results from the IQOLA Project. *Journal of Clinical Epidemiology*, 51, 1203-1214.

Ramsden, P., Masters, G., Stephanou, A., Walsh, E., Martin, E., Laurillard, D., & Marton, F. (1993). Phenomenographic research and the measurement of understanding: An investigation of students' conceptions of speed, distance and time. *International Journal of Educational Research*, 19, 301-316.

Rasch, G. (1960). *Probabilistic models for some intelligence and attainment tests*. Chicago, IL: University of Chicago Press.

Rasch, G. (1977). On specific objectivity: An attempt at formalizing the request for generality and validity of scientific statements. *Danish Yearbook of Philosophy*, 14, 58-94.

Reckase, M. D. (1972). *Development and application of a multivariate logistic latent trait model*. Unpublished doctoral dissertation, Syracuse University, Syracuse, NY.

Resnick, L. B., & Resnick, D. P. (1992). Assessing the thinking curriculum: New tools for educational reform. In B. R. Gifford & M. C. O'Connor(Eds.), *Changing assessments* (pp. 37-75). Boston: Kluwer Academic Publishers.

Robinson, D. N. (1977). *Significant contributions to the history of psychology* 1750-1920, *Series B Psychometrics and educational psychology*, Vol. 4, *Binet*, *Simon*, *Stern*, & *Galton*. Washington, DC: University Press of America.

Roid, G., & Haladyna, T. M. (1982), *Technology for test-item uniting*. New York: Academic Press.

Rosenbloom, P. S., & Newell, A. (1987). Learning by chunking: A production system model of practice. In D. Klahr & P. Langley(Eds.), *Production system models of learning and development* (pp. 221-286). Cambridge, MA: MIT Press.

Samejima, F. (1969). Estimation of latent trait ability using a response pattern of graded scores. *Psychometrika Monograph Supplement*, 18.

Science Education for Public Understanding Program. (1995). *Issues, evidence, and you*. Ronkonkoma, NY: Lab-Aids.

Science Education for Public Understanding Program. (1995). *Issues, evidence, and you: Teacher's guide*. Berkeley, CA: University of California, Berkeley, Lawrence Hall of Science.

Shavelson, R. J., & Webb, N. M. (1991). *Generalizability theory: A primer*. Newbury Park, CA: Sage.

Shepard, L. A. (1997). The centrality of test use and consequences for test validity. *Educational Measurement: Issues and Practice*, 16, 5-8.

Siegler, R. S. (1998). *Children's thinking* (3rd ed.). Upper Saddle River, NJ: Prentice-Hall.

Spearman, C. (1904). The proof and measurement of association between two things. *The American Journal of Psychology*, 15, 72-101.

Spearman, C. (1907). Demonstration of formulae for true measurement of correlation. *The American Journal of Psychology*, 18, 161-169.

Stake, R. (1991). *Advances in program evaluation: Using assessment policy to reform education*. Volume 1, Part A. Greenwich, CT: JAI.

Stevens, S. S. (1946). On the theory of scales of measurement. *Science*, 103, 677-680.

Stinson, C., Milbrath, C., & Reidbord, S. (1993). Segmentation of spontaneous speech in therapy. *Psychotherapy Research*, 31, 21-33.

Tatsuoka, K. K. (1990). Toward an integration of item response theory and cognitive error diagnosis. In J. R. Frederiksen, R. Glaser, A. Lesgold, & M. G. Shafto(Eds.), *Diagnostic monitoring of skill and knowledge acquisition* (pp. 327-359). Hillsdale, NJ: Lawrence Erlbaum Associates.

Tatsuoka, K. K. (1995). Architecture of knowledge structures and cognitive diagnosis: A statistical pattern recognition and classification approach. In P. D. Nichols, S. F. Chipman, & R. L. Brennan (Eds.), *Cognitively diagnostic assessment* (pp. 327-360). Hillsdale, NJ: Lawrence Erlbaum Associates.

Thomas, J. W, & Rohwer, W. D., Jr. (1993). Proficient autonomous learning: Problems and prospects. In M. Rabinowitz(Ed.), *Cognitive science foundations of instruction* (pp. 1-32). Hillsdale, NJ: Lawrence Erlbaum Associates.

Thorndike, R. L. (1982). *Applied psychometrics*. Boston: Houghton-Mifflin.

Thurstone, L. L. (1925). A method of scaling psychological and educational tests. *Journal of Educational Psychology*, 16, 433-451.

Thurstone, L. L. (1928). Attitudes can be measured. *American Journal of Sociology*, 33, 529-554.

Torrance, H. (1995a). The role of assessment in educational reform. In H. Torrance (Ed.) *Evaluating authentic assessment* (144-156). Philadelphia: Open University Press.

Torrance, H. (1995b). Teacher involvement in new approaches to assessment. In H. Torrance(Ed.), *Evaluating authentic assessment* (pp. 44-56) Philadelphia: Open University Press.

Traub, R. E. (1997). Classical test theory in historical perspective. *Educational Measurement: Issues and Practice*, 16, 8-13.

Tucker, M. (1991). Why assessment is now issue number one. In G. Kulm & S. Malcom(Eds.), *Science assessment in the service of reform* (pp. 3-15). Washington, DC: American Association for the Advancement of Science.

van der Linden, W. J., & Hambleton, R. K. (1996). *Handbook of modern item response theory*. New York: Springer.

Ware Jr., J. E., & Gandek, B. (1998). Overview of the SF-36 Health Survey and the International Quality of Life Assessment(IQOLA) Project. *Journal of Clinical Epidemiology*, 51, 903-912.

Warkentin, R., Bol, L., &Willson, M. (1997). Using the partial credit model to verify a theoretical model of academic studying. In M. Wilson, G. Engelhard, & K. Draney(Eds.), *Objective meas-*

urement IV: *Theory into practice*(pp. 71-96). Norwood, NJ: Ablex.

Webber, C. (1989). The mandarin mentality: Civil service and university admissions testing in Europe and Asia. In B. R. Gifford(Ed.), *Test policy and the politics of opportunity allocation*: *The workplace and the law* (pp. 35-60). Boston: Kluwer.

Wertsch, J. V. (1998). *Mind as action*. New York: Oxford University Press.

White, B. Y., & Frederiksen, J. R. (1998). Inquiry, modeling, and metacognition: Making science accessible to all students. *Cognition and Instruction*, 16, 3-118.

Wiggins, G. (1989). Teaching to the(authentic) test. *Educational Leadership*, 46, 41-47.

Willet, J. B., & Sayer, A. G. (1994). Using covariance structure analysis to detect correlates and predictors of individual change over time. *Psychological Bulletin*, 116, 363-380.

Wilson, M. (1989). Saltus: A psychometric model of discontinuity in cognitive development. *Psychological Bulletin*, 105, 276-289.

Wilson, M. (Ed.). (1992a). *Objective measurement*: *Theory into practice*. Norwood, NJ: Ablex.

Wilson, M. (1992b). The ordered partition model: An extension of the partial credit model. *Applied Psychological Measurement*, 16, 309-325.

Wilson, M. (Ed.). (1994a). *Objective measurement* II: *Theory into practice*. Norwood, NJ: Ablex.

Wilson, M. (1994b). Measurement of developmental levels. In T. Husen & T. N. Postlethwaite (Eds.), *International encyclopedia of education*: *Research and studies* (2nd ed., pp. 1508-1514). Oxford: Pergamon.

Wilson, M. (2003). Cognitive psychology and assessment practices. In R. Fernandez-Ballesteros (Ed.), *Encyclopedia of psychological assessment* (pp. 244-248). Newberry Park, CA: Sage.

Wilson, M. (2004). On choosing a model for measuring. *Methods of Psychological Research-Online*.

Wilson, M. (2005). Assessment tools: Psychometric and statistical. In J. W. Guthrie(Ed.), *Encyclopedia of education*(2nd ed.). New York: Macmillan Reference USA.

Wilson, M., & Adams, R. J. (1995). Rasch models for item bundles. *Psychometrika*, 60, 181-198.

Wilson, M., & Case, H. (2000). An examination of variation in rater severity over time: A study of rater drift. In M. Wilson & G. Engelhard (Eds.), *Objective measurement*: *Theory into practice* (Vol. 5, pp. 113-134). Stamford, CT: Ablex.

Wilson, M., & Draney, K. (1997). Partial credit in a developmental context: The case for adopting a mixture model approach. In M. Wilson, G. Engelhard, & K. Draney (Eds.), *Objective measurement IV: Theory into practice*. Norwood, NJ: Ablex.

Wilson, M., & Draney, K. (2000, June). *Developmental assessment strategies in a statewide testing program: Scale interpretation, standard setting, and task-scoring for the Golden State Examinations*. Paper presented at the Council of Chief State School Officers National Conference on Large Scale Assessment, Snowbird, UT.

Wilson, M., & Engelhard, G. (Eds.). (2000). *Objective measurement V: Theory into practice*. Stamford, CT: Ablex.

Wilson, M., Engelhard, G., & Draney, K. (Eds.). (1997). *Objective measurement IV: Theory into practice*. Norwood, NJ: Ablex.

Wilson M., & Hoskens, M. (2001). The rater bundle model. *Journal of Educational and Behavioral Statistics*, 26, 283-306.

Wilson, M., Kennedy, C., & Draney, K. (2004). *GradeMap* 3.1[computer program]. Berkeley, CA: BEAR Center, University of California.

Wilson, M., Roberts, L., Draney, K., Samson, S., & Sloane, K. (2000). *SEPUP Assessment Resources Handbook*. Berkeley, CA: BEAR Center Research Reports, University of California.

Wilson, M., & Sloane, K. (2000). From principles to practice: An embedded assessment system. *Applied Measurement in Education*, 13, 181-208.

Wolf, D., Bixby, J., Glenn, J., Ⅲ, & Gardner, H. (1991). To use their minds well: Investigating new forms of student assessment. *Review of Research in Education*, 17, 31-74.

Wright, B. D. (1968). Sample-free test calibration and person measurement. *Proceedings of the 1967 Invitational Conference on Testing* (pp. 85-101). Princeton, NJ: Educational Testing Service.

Wright, B. D. (1977). Solving measurement problems with the Rasch model. *Journal of Educational Measurement*, 14, 97-116.

Wright, B. D. (1997). A history of social science measurement. *Educational Measurement: Issues and Practice*, 16, 33-45.

Wright, B. D., & Masters, G. N. (1981). *Rating scale analysis*. Chicago: MESA Press.

Wright, B. D., & Stone, M. (1979). *Best test design*. Chicago: MESA Press.

Wu, M. L. (1997). *The development and application of a fit test for use with Marginal Maximum Likelihood estimation and generalized item response models*. Unpublished master's thesis, University of Melbourne.

Wu, M. L., Adams, R. J., & Wilson, M. (1998). ACERConquest [computer program]. Haw-
thorn, Australia: ACER.

Yamamoto, K., & Gitomer, D. H. (1993). Application of a HYBRID model to a test of cognitive
skill representation. In N. Frederiksen & R. J. Mislevy(Eds.), *Test theory for a new generation of
tests* (pp. 275-295). Hillsdale, NJ: Lawrence Erlbaum Associates.

Yen, W. M. (1985). Increasing item complexity: A possible cause of scale shrinkage for unidimen-
sional item response theory. *Psychometrika*, 50, 399-410.

Zessoules, R., & Gardner, H. (1991). Authentic assessment: Beyond the buzzword and into the
classroom. In V. Perrone(Ed.), *Expanding student assessment* (pp. 47-71). Alexandria, VA: As-
sociation for Supervision and Curriculum Development.

主题索引

此处标注的页码为原书页码

湖南省版权局著作权合同登记图字：18－2019－334

图书在版编目（CIP）数据

基于建构理论的量表设计 /（美）马克·威尔逊
(Mark Wilson) 著；黄晓婷编译. —长沙：湖南教育
出版社，2020. 3（2022.5重印）
（21世纪学习与测评译丛）
书名原文：Constructing Measures：An Item
Response Modeling Approach
ISBN 978 - 7 - 5539 - 6481 - 2

Ⅰ. ①基… Ⅱ. ①马… ②黄… Ⅲ. ①教育测量—研究
Ⅳ. ①G40 - 058. 1

中国版本图书馆 CIP 数据核字（2018）第 255732 号

JIYU JIANGOU LILUN DE LIANGBIAO SHEJI

书　　　名	基于建构理论的量表设计
策划编辑	李　军
责任编辑	李　军
责任校对	崔俊辉　刘　源
装帧设计	肖睿子
出版发行	湖南教育出版社（长沙市韶山北路 443 号）
网　　　址	www.bakclass.com
电子邮箱	hnjycbs@sina.com
微信号	贝壳导学
客服电话	0731 - 85486979
经　　　销	湖南省新华书店
印　　　刷	湖南省众鑫印务有限公司
开　　　本	787 mm×1092 mm　1/16
印　　　张	14.5
字　　　数	240 000
版　　　次	2020 年 3 月第 1 版
印　　　次	2022 年 5 月第 2 次印刷
书　　　号	ISBN 978 - 7 - 5539 - 6481 - 2
定　　　价	72.50 元